四部要籍選刊・史部
蔣鵬翔 主編

清金陵書局本

後漢書

八

〔南朝宋〕范曄 撰
〔唐〕李賢等注

浙江大學出版社

本册目録

卷七十八

卷七十九上

卷七十九下

卷八十上

卷八十下

卷八十一

卷八十二上

卷八十二下

卷八十三

卷八十四

卷八十五

卷八十六

宦者列傳第六十八　　後漢書七十八

唐章懷太子賢注

易曰天垂象聖人則之易繫辭之文也宦者四星在皇位之側故周禮置官亦備其數閽者守中門之禁周禮曰閽人掌守王宮中門之禁鄭玄注云中門於外內爲中也閽即刖足者寺人掌女宮之戒周禮曰寺人掌王宮之內人及女宮之戒命也又云王之正內者五人周禮曰寺人掌王之正內五人注云正內路寢也月令仲冬命閹尹審門閭謹房室鄭玄注月令云閹尹主領奄豎之官者也於周禮則爲內宰掌理王之內政宮令譏出入開閉之屬也詩之小雅亦有巷伯刺讒之篇毛詩序曰巷伯刺幽王也寺人傷於讒而作是詩也毛萇注云巷伯內之小臣也然宦人之在王朝者其來舊矣將以其體非全氣情志專良通關中人易以役養乎關涉也中人內人也然而後世因之才任稍廣其能者則勃貂管蘇有功於楚晉勃貂即寺人披也一名勃鞮字伯楚左傳曰呂郤畏偪將焚公宮殺晉文公寺人披見公以難告遂殺呂郤新序曰楚恭王有疾告諸大夫曰管蘇犯我以義違我以禮與處不安不見不思然而有得焉我死之後爵之於朝也景監繆賢著庸於秦趙史記曰商君入秦因孝公寵臣景監以求見又曰藺相如爲趙宦者令繆賢舍人趙求人使報秦者未得繆賢曰臣舍人藺相如可使也著庸謂薦鞅及相如也及其傚也則豎刀亂齊

伊戾禍宋左傳曰齊桓公卒易牙入與寺人貂因內寵以殺群吏而立公子無虧孝公奔宋杜預注曰寺人即閹官刁即貂也音彫又曰楚客聘于晉過宋太子知之請野享之公使往寺人伊戾請從之至則坎用牲加書徵之而騁告公曰太子將爲亂公使視之則信有焉太子死公徐聞其無罪乃亨伊戾也漢興仍襲秦制置中常侍官然亦引用士人以參其選皆銀璫左貂給事殿省及高后稱制迺以張卿爲大謁者出入臥內受宣詔命前書曰齊人田生求事呂后所幸大謁者張釋卿音義曰奄人也仲長統昌言曰宦豎傳近房臥之內交錯婦人之間文帝時有趙談北宮伯子頗見親倖至於孝武亦愛李延年前書曰孝文時宦者則趙談北宮伯子孝武時宦者李延年也帝數宴後庭或潛游離館故請奏機事多以宦人主之至元帝之世史游爲黃門令勤心納忠有所補益前書曰急就一篇元帝黃門令史游作董巴輿服志曰禁門曰黃闥中人主之故曰黃門也其後弘恭石顯以佞險自進卒有蕭周之禍損穢帝德焉前書曰前將軍蕭望之及光祿大夫周堪建白以爲宜罷中常侍官應古不近刑人由是大與石顯忤後皆害焉望之自殺堪廢錮不得復進用也中興之初宦官悉用閹人不復雜調它士至永平中始置員數中常侍四人小黃門十人和帝即祚幼弱而竇憲兄弟專總權威內外臣僚莫由親接所與居者惟閹宦而已故

鄭衆得專謀禁中終除大憝憝惡也音大對反謂誅竇憲也遂享分土之封超登宮卿之位宮卿謂爲大長秋也於是中官始盛焉自明帝以後迄乎延平委用漸大而其員稍增中常侍至有十人小黃門二十人改以金璫右貂兼領卿署之職鄧后以女主臨政而萬機殷遠朝臣國議無由參斷帷幄稱制下令不出房闈之閒爾雅曰宮中小門謂之闈也不得不委用刑人寄之國命手握王爵口含天憲非復掖庭永巷之職閨牖房闥之任也永巷及掖庭並署名也爾雅曰小閨謂之閤其後孫程定立順之功曹騰參建桓之策續以五侯合謀梁冀受鉞迹因公正恩固主心故中外服從上下屏氣或稱伊霍之勳無謝於往載或謂良平之畫復興於當今雖時有忠公而竟見排斥謂皇甫嵩蔡雍等並被排也舉動回山海呼吸變霜露阿旨曲求則光寵三族父族母族妻族也直情忤意則參夷五宗夷滅也參夷夷三族也五宗五族內之親故也漢之綱紀大亂矣若夫高冠長劒紆朱懷金者布滿宮闈楚詞曰高余冠之岌岌又曰撫長劒金玉珥揚

雄法言曰或問使我紆朱懷金其樂不可量也李軌注曰朱朱紱也金金印也苴茅分虎南面臣人者蓋㠯十數封諸侯各以其方色土苴以白茅而分銅虎符也府署第館棊列於都鄙棊列如棊之布列史記曰往往棊置子弟支附過半於州國南金和寶冰紈霧縠之積盈仞珍藏詩頌曰大路南金鄭玄注云荊揚之州貢金三品和謂卞和也嬙媛侍兒歌童舞女之玩充備綺室左傳曰夫差宿有妃嬙嬪御焉杜預注曰妃嬙貴者嬙音牆前書曰初爰盎為吳相時從史盜私盎侍兒昌言曰為音樂則歌兒舞女千曹而迭起左傳晏子曰高臺深池撞鍾舞女綺室室之綺麗者狗馬飾雕文土木被緹繡前書東方朔曰土木衣綺繡狗馬被繢罽緹厚繒也皆剝割萌黎競恣奢欲搆害明賢專樹黨類其有更相援引希附權彊者皆腐身熏子㠯自衒達前書曰史遷熏胥㠯刑韋昭曰古者腐刑必熏合之同敝相濟故其徒有繁敗國蠹政之事不可單書單盡也所㠯海內嗟毒志士窮棲寇劇緣間搖亂區夏寇盜劇賊緣間隙而起也雖忠良懷憤時或奮發而言出禍從旋見孥戮因復大考鉤黨轉相誣染鉤黨謂李膺杜密等凡稱善士莫不離被災毒竇武何進位崇戚近乘九服之囂怨協羣英之埶力九服已見上羣英謂劉猛朱寓之屬見竇武傳而㠯疑留不斷至於殄敗斯亦運之極乎

雖袁紹龔行芟夷無餘然以暴易亂亦何云及尚書曰龔行天罰左傳曰芟夷蘊崇之史記曰以暴易亂兮不知其非自曹騰說梁冀竟立昏弱謂立桓帝也魏武因之遂遷龜鼎龜鼎國之守器以諭帝位也尚書曰寧王遺我大寶龜左傳曰鼎遷于商也所謂君以此始必以此終信乎其然矣此謂宦官也言漢家初寵用宦官其後終爲宦官所滅左傳楚屈蕩曰君以此始必以此終也

鄭衆字季產南陽犨人也爲人謹敏有心幾永平中初給事太子家肅宗即位拜小黃門遷中常侍和帝初加位鉤盾令時竇太后秉政后兄大將軍憲等並竊威權朝臣上下莫不附之而衆獨一心王室不事豪黨帝親信焉及憲兄弟圖作不軌衆遂首謀誅之以功遷大長秋策勳班賞每辭多受少由是常與議事與音預中官用權自衆始焉十四年帝念衆功美封爲鄛鄉侯食邑千五百戶鄛音七交反說文曰南郡棘陽縣有鄛鄉永初元年和熹皇后益封三百戶元初元年卒養子閎嗣閎卒子安嗣後國絕桓帝延熹二年紹封衆曾孫石讎爲關內

侯

蔡倫字敬仲桂陽人也以永平末始給事宮掖建初中爲小黃門及和帝卽位轉中常侍豫參帷幄倫有才學盡心敦愼數犯嚴顏匡弼得失每至休沐輒閉門絕賓暴體田野後加位尙方令永元九年監作祕劍及諸器械莫不精工堅密爲後世法自古書契多編以竹簡其用縑帛者謂之爲紙縑貴而簡重並不便於人倫迺造意用樹膚麻頭及敝布魚網以爲紙元興元年奏上之帝善其能自是莫不從用焉故天下咸稱蔡侯紙相州記曰耒陽縣北有漢黃門蔡倫宅宅西有一石臼云是倫舂紙臼也元初元年鄧太后以倫久在宿衞封爲龍亭侯龍亭縣故城在今洋州興埶縣東明月池在其側邑三百戶後爲長樂太僕四年帝以經傳之文多不正定迺選通儒謁者劉珍及博士良史詣東觀各讎校漢家法令倫監典其事倫初受竇后諷旨誣陷安帝祖母宋貴人及太后崩安帝始親萬

機勑使自致廷尉倫恥受辱迺沐浴整衣冠飲藥而死國除

孫程字稚卿涿郡新城人也東觀記曰北新城人衞康叔之胄孫林父之後東觀自此以下十九人與程同功者皆敘其所承本系蓋當時史官懼程等威權故曲爲文飾安帝時爲中黃門給事長樂宮時鄧太后臨朝帝不親政事小黃門李閏與帝乳母王聖常共譖太后兄執金吾悝等言欲廢帝立平原王德帝每忿懼及太后崩遂誅鄧氏而廢平原王封閏雍鄉侯又小黃門江京以讒諂進初迎帝於邸以功封都鄉侯食邑各三百戶閏京竝遷中常侍江京兼大長秋與中常侍樊豐黃門令劉安鉤盾令陳達及王聖聖女伯榮扇動內外競爲侈虐又帝舅大將軍耿寶皇后兄大鴻臚閻顯更相阿黨遂枉殺太尉楊震廢皇太子爲濟陰王明年帝崩立北鄉侯爲天子顯等遂專朝爭權迺諷有司奏誅樊豐廢耿寶王聖及黨與皆見死徙十月北鄉侯病篤程謂濟陰王謁者長興渠曰興姓渠名王以嫡統本無失

德先帝用讒遂至廢黜若北鄉疾不起共斷江京閻顯事迺可成渠等然之又中黃門南陽王康先爲太子府史自太子之廢常懷歎憤又長樂太官丞京兆王國並附同於程至二十七日北鄉侯薨閻顯白太后徵諸王子簡爲帝嗣未及至十一月二日程遂與王康等十八人聚謀於西鍾下皆截單衣爲誓四日夜程等共會崇德殿上因入章臺門時江京劉安及李閏陳達等俱坐省門下程與王康共就斬京安達吕李閏權埶積爲省內所服欲引爲主因舉刃脅閏曰今當立濟陰王無得搖動閏曰諾於是扶閏起俱於西鍾下迎濟陰王立之是爲順帝召尚書令僕射吕下從輦幸南宮雲臺程等留守省門遮扞內外閻顯時在禁中憂迫不知所爲小黃門樊登勸顯發兵吕太后詔召越騎校尉馮詩虎賁中郎將閻崇屯朔平門吕禦程等誘詩入省太后使授之印曰能得濟

陰王者封萬戶侯得李閏者五千戶侯顯以詩所將衆少使與登迎吏士於左掖門外詩因格殺登歸營屯守顯弟衞尉景遽從省中還外府收兵至盛德門程傳召諸尚書使收景尚書郭鎮時臥病聞之即率直宿羽林出南止車門逢景從吏士拔白刃呼曰無干兵鎮即下車持節詔之景曰何等詔因斫鎮不中鎮引劍擊景墮車左右以戟叉其胸遂禽之送廷尉獄即夜死旦日令侍御史收顯等送獄於是遂定下詔曰夫表功錄善古今之通義也故中常侍長樂太僕江京黃門令劉安鉤盾令陳達與故車騎將軍閻顯兄弟謀議惡逆傾亂天下中黃門孫程王康長樂太官丞王國中黃門黃龍彭愷孟叔李建王成張賢史汎馬國王道李元楊佗佗音駝陳子趙封李剛魏猛苗光等東觀記曰程賦棗脯又分與光曰以爲信今暮其當著矣漏盡光爲尚席直事通燈解劍置外持登入章臺門程等適入光走出門欲取劍王康呼還光不應光得劍欲還入門已閉光便守宜秋門會李閏來出光因與俱迎濟陰王幸南宮雲臺詔書錄功臣令康疏名康詐疏光入章臺門光謂

康曰緩急有問者當相證也詔書封光東阿侯食邑四千户未受符策光心不自安詣黃門令自告有司奏康光欺詐主上詔書勿問遂封東阿侯邑千户也懷忠憤發戮力協謀遂埽滅元惡以定王室詩不云乎無言不讎無德不報詩大雅也程爲謀首康國協同其封程爲浮陽侯食邑萬户康爲華容侯國爲酈侯各九千户黃龍爲湘南侯五千户彭愷爲西平昌侯西平昌諸縣屬平原郡孟叔爲中廬侯中廬縣屬南郡李建爲復陽侯各四千二百户王成爲廣宗侯張賢爲祝阿侯史汎爲臨沮侯臨沮縣屬南郡馬國爲廣平侯王道爲范縣侯李元爲褒信侯楊佗爲山都侯褒信山都並屬南陽郡陳予爲下雋侯下雋縣長沙郡音似兗反趙封爲析縣侯李剛爲枝江侯各四千户魏猛爲夷陵侯二千户苗光爲東阿侯千户是爲十九侯加賜車馬金銀錢帛各有差李閏以先不預謀故不封遂擢拜程騎都尉永建元年程與張賢孟叔馬國等爲司隸校尉虞詡訟罪懷表上殿呵叱左右帝怒遂免程官因悉遣十九侯就國後徙封程爲宜城侯程既到國

怨恨恚懟懟怨也音直季反封還印綬符策亡歸京師續漢書曰程到宜城怨恨恚懟刻瓦爲印封還印綬往來山中詔書追求復故爵土賜車馬衣物遣還國三年帝念程等功勳悉徵還京師程與王道李元皆拜騎都尉餘悉奉朝請陽嘉元年程病甚卽拜奉車都尉位特進及卒使五官郎將追贈車騎將軍印綬賜謚剛侯侍御史持節監護喪事乘輿幸北部尉傳北部尉之傳舍也傳音直戀反瞻望車騎程臨終遺言上書曰國傳弟美帝許之而分程半封程養子壽爲浮陽侯後詔書錄微功封興渠爲高望亭侯四年詔宦官養子悉聽得爲後襲封爵定著乎令王康王國彭愷王成趙封魏猛六人皆早卒黃龍楊佗孟叔李建張賢史汎王道李元李剛九人與阿母山陽君宋娥更相貨賂求高官增邑又誣罔中常侍曹騰孟賁等永和二年發覺並遣就國減租四分之一宋娥奪爵歸田舍惟馬國陳予苗光保全封邑初帝見廢監太子家

小黃門籍建傅高梵長秋長趙熹丞良賀藥長夏珍皆以無過獲罪建等坐徙朔方及帝即位並擢爲中常侍梵坐臧罪減死一等建後封東鄉侯三百戶賀清儉退厚（謙退而厚重也）位至大長秋陽嘉中詔九卿舉武猛賀獨無所薦帝引問其故對曰臣生自草茅長於宮掖既無知人之明又來嘗交動士類昔衛鞅因景監以見有識知其不終（史記趙良謂商君曰君之見秦王也因嬖人景監非所以爲名也商君竟爲秦惠所車裂也）今得臣舉者匪榮伊辱固辭之及卒帝思賀忠封其養子爲都鄉侯三百戶

曹騰字季興沛國譙人也安帝時除黃門從官順帝在東宮鄧太后以騰年少謹厚使侍皇太子書特見親愛及帝即位騰爲小黃門遷中常侍桓帝得立騰與長樂太僕州輔等七人以定策功皆封亭侯騰爲費亭侯遷大長秋加位特進騰用事省闥三十餘年奉事四帝未嘗有過其所進達皆海內名人陳留虞放邊韶南陽

延固張溫弘農張奐潁川堂谿趙典等時蜀郡太守因計吏賂遺於騰益州刺史种暠於斜谷關搜得其書上奏太守并以劾騰請下廷尉按罪帝曰書自外來非騰之過遂寢暠奏騰不爲纖介常稱暠爲能吏時人嗟美之騰卒養子嵩嗣种暠後爲司徒告賓客曰今身爲公迺曹常侍力焉嵩靈帝時貨賂中官及輸西園錢一億萬故位至太尉嵩具袁紹傳及子操起兵不肯相隨迺與少子疾避亂琅邪爲徐州刺史陶謙所殺

單超河南人徐璜下邳良城人具瑗魏郡元城人左悺河南平陰人悺音工奐反又音綰唐衡潁川郾人也桓帝初超璜瑗爲中常侍悺衡爲小黃門史初梁冀兩妹爲順桓二帝皇后冀代父商爲大將軍再世權戚威振天下冀自誅太尉李固杜喬等驕橫益甚皇后乘埶忌恣多所鴆毒上下鉗口周書曰賢智鉗口謂不言也拑與鉗古字通用音其炎反莫有言者帝逼畏久

恒懷不平恐言泄不敢謀之延熹二年皇后崩帝因如廁獨呼衡問左右與外舍不相得者皆誰乎外舍謂皇后家也衡對曰單超左悺前詣河南尹不疑禮敬小簡不疑收其兄弟送洛陽獄二人詣門謝迺得解徐璜具瑗常私忿疾外舍放橫口不敢道於是帝呼超悺入室謂曰梁將軍兄弟專固國朝迫脅外內公卿已下從其風旨今欲誅之於常侍意何如超等對曰誠國姦賊當誅日久臣等弱劣未知聖意何如耳帝曰審然者常侍密圖之對曰圖之不難但恐陛下復中狐疑中音丁仲反帝曰姦臣脅國當伏其罪何疑乎於是更召璜瑗等五人遂定其議帝齧超臂出血爲盟於是詔收冀及宗親黨與悉誅之悺衡遷中常侍封超新豐侯二萬戶璜武原侯瑗東武陽侯各萬五千戶賜錢各千五百萬悺上蔡侯衡汝陽侯各萬三千戶賜錢各千三百萬五人同日封故世謂之五侯又封小黃

門劉普趙忠等八人爲鄉侯自是權歸宦官朝廷日亂矣超疾病帝遣使者就拜車騎將軍明年薨賜東園祕器棺中玉具贈侯將軍印綬使者理喪及葬發五營騎士將軍侍御史護喪將作大匠起冢塋其後四侯轉橫天下爲之語曰左回天具獨坐獨坐言驕貴無偶也徐臥虎唐兩墮兩墮謂隨意所爲不定也今人謂持兩端而任意爲兩墮諸本兩或作雨也皆競起第宅樓觀壯麗窮極伎巧金銀罽毦施於犬馬毦以羽毛爲飾音如志反多取良人美女以爲姬妾皆珍飾華侈擬則宮人其僕從皆乘牛車而從列騎又養其疏屬或乞嗣異姓或買蒼頭爲子並以傳國襲封兄弟姻戚皆宰州臨郡辜較百姓與盜賊無異超弟安爲河東太守弟子匡爲濟陰太守璜弟盛爲河內太守悺弟敏爲陳留太守瑗兄恭爲沛相皆爲所在蠹害璜兄子宣爲下邳令暴虐尤甚先是求故汝南太守下邳李暠女不能得及到縣遂將吏卒至暠家載其女歸戲射殺之埋

著寺內時下邳縣屬東海汝南黃浮爲東海相有告言宣者浮遒收宣家屬無少長悉考之掾史㠯下固諫爭浮曰徐宣國賊今日殺之明日坐死足㠯瞑目矣即案宣罪棄市暴其尸㠯示百姓郡中震慄璜於是訴怨於帝帝大怒浮坐髡鉗輸作右校五侯宗族賓客虐徧天下民不堪命起爲寇賊七年衡卒亦贈車騎將軍如超故事璜卒賻贈錢布賜冢塋地明年司隸校尉韓演因奏悺罪惡及其兄太僕南鄉侯稱請託州郡聚斂爲姦賓客放縱侵犯吏民悺稱皆自殺演又奏瑗兄沛相恭臧罪徵詣廷尉瑗詣獄謝上還東武侯印綬詔貶爲都鄉侯卒於家超及璜衡襲封者並降爲鄉侯租入歲皆三百萬子弟分封者悉奪爵土劉普等貶爲關內侯

侯覽者山陽防東人桓帝初爲中常侍㠯佞猾進倚埶貪放受納

貨遺㠯巨萬計延熹中連歲征伐府帑空虛迺假百官奉祿王侯租稅覽亦上縑五千匹賜爵關內侯又託㠯與議誅梁冀功進封高鄉侯小黃門段珪家在濟陰與覽竝立田業近濟北界僕從賓客侵犯百姓劫掠行旅濟北相滕延一切收捕殺數十人陳尸路衢覽珪大怨㠯事訴帝延坐多殺無辜徵詣廷尉免延字伯行北海人後爲京兆尹有理名世稱爲長者覽等得此愈放縱覽兄參爲益州刺史民有豐富者輒誣㠯大逆皆誅滅之沒入財物前後累億計太尉楊秉奏參檻車徵於道自殺京兆尹袁逢於旅舍閱參車三百餘兩皆金銀錦帛珍玩不可勝數覽坐免旋復復官（上復音房又反）建寧二年喪母還家大起塋冢督郵張儉因舉奏覽貪侈奢縱前後請奪人宅三百八十一所田百一十八頃起立第宅十有六區皆有高樓池苑堂閣相望飾㠯綺畫丹漆之屬制度重深僭類

宮省又豫作壽冢（生而自爲冢爲壽冢）石椁雙闕高廡百尺（廡廊下周室也）破人居室發掘墳墓虜奪良人妻略婦子及諸罪釁請誅之而覽伺候遮截章竟不上儉遂破覽冢宅籍沒貲財具言罪狀又奏覽母生時交通賓客干亂郡國復不得御（御進也）覽遂誣儉爲鉤黨及故長樂少府李膺太僕杜密等皆夷滅之遂代曹節領長樂太僕熹平元年有司舉奏覽專權驕奢策收印綬自殺阿黨者皆免

曹節字漢豐南陽新野人也其本魏郡人世吏二千石順帝初以西園騎遷小黃門桓帝時遷中常侍奉車都尉建寧元年持節將中黃門虎賁羽林千人北迎靈帝陪乘入宮及卽位以定策封長安鄉侯六百戶時竇太后臨朝后父大將軍武與太傅陳蕃謀誅中官節與長樂五官史朱瑀從官史共普張亮（共音恭）中黃門王尊長樂謁者騰是等十七人共矯詔以長樂食監王甫爲黃門令將兵

誅武蕃等事已具蕃武傳節遷長樂衛尉封育陽侯增邑三千戸甫遷中常侍黃門令如故瑀封都鄉侯千五百戸普亮等五人各三百戸餘十一人皆爲關内侯歲食租二千斛先是瑀等陰於明堂中禱皇天曰竇氏無道請皇天輔皇帝誅之令事必成天下得盜既誅武等詔令大官給塞具塞報祠也音蘇代反字當爲賽通用賜瑀錢五千萬餘各有差後更封華容侯二年節病困詔拜爲車騎將軍有頃疾瘳上印綬罷復爲中常侍位特進秩中二千石尋轉大長秋熹平元年竇太后崩有何人書朱雀闕何人不知何人也言天下大亂曹節王甫幽殺太后常侍侯覽多殺黨人公卿皆尸祿無有忠言者於是詔司隸校尉劉猛逐捕十日一會猛以誹書言直不肯急捕月餘主名不立不得書闕主名猛坐左轉諫議大夫以御史中丞段熲代猛迺四出逐捕及太學游生繫者千餘人節等怨猛不已使熲以他事奏猛抵罪

輸左校朝臣多㠯爲言迺免刑復公車徵之節遂與王甫等誣奏桓帝弟勃海王悝謀反誅之㠯功封者十二人甫封冠軍侯節亦增邑四千六百戶并前七千六百戶父兄子弟皆爲公卿列校牧守令長布滿天下節弟破石爲越騎校尉越騎營五百妻有美色韋昭辨釋名曰五百字本爲伍伍當也伯道也使之導引當道陌中以驅除也案今俗呼行杖人爲五百也破石從求之五百不敢違妻執意不肯行遂自殺其淫暴無道多此類也光和二年司隸校尉陽球奏誅王甫及子長樂少府萌沛相吉皆死獄中時連有災異郎中梁人審忠㠯爲朱瑀等罪惡所感迺上書曰臣聞理國得賢則安失賢則危故舜有臣五人而天下理五臣謂禹稷契咎陶伯益也湯舉伊尹不仁者遠論語文也陛下卽位之初未能萬機皇太后念在撫育權時攝政相思竇后故中常侍蘇康管霸應時誅殄竇后傳誅康及霸太傅陳蕃大將軍竇武考其黨與志清朝政華容侯朱瑀知事覺露禍及其身遂興造逆

謀作亂王室，撞蹋省闥（撞音直江反），執奪璽綬，迫脅陛下，聚會羣臣，離間骨肉母子之恩，遂誅蕃、武及尹勳等。因共割裂城社，自相封賞，父子兄弟被蒙尊榮，素所親厚布在州郡，或登九列，或據三司。不惟祿重位尊之責，而苟營私門，多蓄財貨，繕修第舍，連里竟巷。盜取御水以作魚釣（水入宮苑為御水），車馬服玩擬於天家。羣公卿士杜口吞聲，莫敢有言。州郡牧守承順風旨，辟召選舉，釋賢取愚。故蟲蝗為之生，夷寇為之起。天意憤盈，積十餘年。故頻歲日食於上，地震於下，所以譴戒人主，欲令覺悟，誅鉏無狀。昔高宗以雊雉之變，故獲中興之功（高宗祭有雊雉升鼎耳而雊，高宗修德，殷以中興，見尚書也）。近者神祇啟悟陛下，發赫斯之怒，故王甫父子應時馘截（詩魯頌曰「在泮獻馘」。馘音古獲反。鄭玄注云謂所殺者之左耳），路人士女莫不稱善，若除父母之讎。誠怪陛下復忍孽臣之類，不悉殄滅（謂復任用曹節等也）。昔秦信趙高，以危其國；吳使刑人，身遘其禍（左傳曰：吳伐越，獲俘焉，以為閽，使守舟。吳子餘祭觀舟，閽人以刀殺之）。虞公抱寶牽馬魯昭見逐乾侯㠯不用宮之奇子家駒㠯至滅辱公羊傳曰晉大夫荀息請以屈產之乘與垂棘之璧假道於虞以伐虢宮之奇諫不聽後晉滅虞虞公抱寶牽馬而至荀息見曰臣之謀何如又曰昭公將殺季氏告子家駒曰季氏無道僭于公室久矣吾欲殺之何如子家駒曰諸侯僭于天子大夫僭于諸侯久矣君無多辱焉昭公不從其言後逐季氏昭公奔于乾侯遂死焉今㠯不忍之恩赦夷族之罪姦謀一成悔亦何及臣爲郎十五年皆耳目聞見瑀之所爲誠皇天所不復赦願陛下留漏刻之聽裁省臣表埽滅醜類㠯答天怒與瑀考驗有不如言願受湯鑊之誅妻子并徙㠯絕妄言之路章寢不報節遂領尚書令四年卒贈車騎將軍後瑀亦病卒皆養子傳國審忠字公誠宦官誅後辟公府

呂强字漢盛河南成皐人也少㠯宦者爲小黃門再遷中常侍爲人清忠奉公靈帝時例封宦者㠯强爲都鄉侯强辭讓懇惻固不敢當帝迺聽之因上疏陳事曰臣聞諸侯上象四七下裂王土高祖重約非功臣不侯所㠯重天爵明勸戒也伏聞中常侍曹節王

甫張讓等及侍中許相竝爲列侯節等宦官祐薄品卑人賤讒諂媚主佞邪徼寵放毒人物疾妒忠良有趙高之禍未被轘裂之誅趙高指鹿爲馬而殺胡亥轘裂以車裂也掩朝廷之明成私樹之黨而陛下不悟妄受茅土開國承家小人是用易曰開國承家小人勿用又并及家人重金兼紫金印紫綬重兼言累積也相繼爲蕃輔受國重恩不念爾祖述修厥德詩大雅云無念爾祖聿修厥德聿述也而交結邪黨下比羣佞陛下惑其瑣才瑣小也特蒙恩澤又授位乖越賢才不升素餐私倖必加榮擢陰陽乖刺稼穡荒蔬鄭玄注周禮云蔬草有實者人用不康罔不由茲臣誠知封事已行言之無逮所以冒死干觸陳愚忠者實願陛下損改既謬從此一止臣又聞後宮綵女數千餘人衣食之費日數百金比穀雖賤而戶有飢色案法當貴而今更賤者由賦發繁數以解縣官縣官調發既多故賤糶穀以供之寒不敢衣飢不敢食民有斯戹而莫之卹宮女無用塡積後庭天下雖復盡力耕桑猶不能供昔楚女悲

愁則西宮致災公羊傳西宮災何以書記災也何休注云是時僖公爲齊桓公所脅以齊媵爲嫡楚女廢居西宮而不見恤悲愁怨曠所生也況終年積聚豈無憂怨乎夫天生蒸民立君以牧之君道得則民戴之如父母仰之猶日月左傳師曠對晉侯曰君養人如子蓋之如天容之如地人奉其君愛之如父母仰之如日月敬之如神明畏之如雷霆天生人而立之君使司牧之勿使失其性也雖時有征稅猶望其仁恩之惠易曰悅以使民民忘其勞悅以犯難民忘其死易兌卦彖辭儲君副主宜諷誦斯言南面當國宜履行其事易曰聖人南面嚮明而治杜預注左傳曰當國執政也又承詔書當於河閒故國起解瀆之館陛下龍飛即位雖從藩國然處九天之高豈宜有顧戀之意楚辭曰圓則九重營度之圓謂天也且河閒疏遠解瀆邈絕而當勞民單力未見其便又今外戚四姓貴倖之家及中官公族無功德者造起館舍凡有萬數樓閣相接丹青素堊郭璞注山海經曰堊似土白色音惡雕刻之飾不可單言喪葬踰制奢麗過禮競相放效莫肯矯佛矯正也佛戾也音扶拂反穀梁傳曰財盡則怨力盡則懟尸子曰尸子晉人也名佼秦相衞鞅客也鞅謀計未嘗不與佼規也商君被刑恐并誅乃亡逃入蜀作書二十篇十九篇陳道德仁義之紀一篇言九州險阻水泉所起也

君如杅民如水杅方則水方杅圓則水圓杅椀屬也音于字亦作盂上之化下猶風之靡草今上無去奢之儉下有縱欲之儆至使禽獸食民之甘土木衣民之帛昔師曠諫晉平公曰梁柱衣繡民無褐衣池有棄酒士有渴死廄馬秣粟民有飢色近臣不敢諫遠臣不得暢此之謂也說苑咎犯諫晉文公之辭也又聞前召議郎蔡邕對問於金商門而令中常侍曹節王甫等以詔書喻旨邕不敢懷道迷國而切言極對毀刺貴臣譏呵豎宦陛下不密其言至令宣露羣邪項領膏脣拭舌毛詩曰駕彼四牡四牡項領注云項大也四牡者人所駕今但養大其領不肯爲用諭大臣自恣王不能使也膏脣拭舌謂欲讒毀故也競欲咀嚼造作飛條飛條飛書也陛下回受誹謗致邕刑罪室家徙放老幼流離豈不負忠臣哉今羣臣皆以邕爲戒上畏不測之難下懼劒客之害謂蔡邕徙朔方時陽球使刺客追刺邕也臣知朝廷不復得聞忠言矣故太尉段熲武勇冠世習於邊事垂髮服戎功成晧首垂髮謂童子也歷事二主謂桓帝靈帝也勳烈獨昭陛下既已式序

位登台司而爲司隸校尉陽球所見誣脅一身既斃而妻子遠播天下惆悵功臣失望宜徵邕更授任反頴家屬則忠貞路開衆怨弭矣帝知其忠而不能用時帝多稸私臧收天下之珍每郡國貢獻先輸中署名爲導行費中署內署也導引也貢獻外別有所入以爲所獻希之導引也强上疏諫曰天下之財莫不生之陰陽歸之陛下萬物稟陰陽而生歸之陛下豈有公私而今中尚方斂諸郡之寶中御府積天下之繒西園引司農之藏中廄聚太僕之馬而所輸之府輒有導行之財調廣民困費多獻少姦吏因其利百姓受其敝又阿媚之臣好獻其私容諂姑息自此而進舊典選舉委任三府三府有選參議掾屬咨其行狀度其器能咨謀也受試任用責以成功若無可察然後付之尚書尚書舉劾請下廷尉覆案虛實行其誅罰今但任尚書或復勑用如是三公得免選舉之負尚書亦復不坐責賞無歸豈肯空自苦勞乎夫立言

無顯過之咎明鏡無見玼之尤如惡立言㠯記過則不當學也不欲明鏡之見玼則不當照也韓子曰古人之目短於自見故以鏡觀面智短於自規故以道正已鏡無見玼之罪道無名過之惡目失鏡則無以正鬚眉身失道則無以知迷惑玼與疵同也願陛下詳思臣言不㠯記過見玼爲責書奏不省中平元年黃巾賊起帝問强所宜施行强欲先誅左右貪濁者大赦黨人料簡刺史二千石能否帝納之迺先赦黨人於是諸常侍人人求退又各自徵還宗親子弟在州郡者中常侍趙忠夏惲等遂共搆强云與黨人共議朝廷數讀霍光傳言其欲謀廢立也强兄弟所在竝皆貪穢帝不悅使中黃門持兵召强强聞帝召怒曰吾死亂起矣丈夫欲盡忠國家豈能對獄吏乎遂自殺忠惲復譖曰强見召未知所問而就外草自屏有姦明審外草自屏謂在外野草中自殺也遂收捕宗親沒入財產焉時宦者濟陰丁肅下邳徐衍南陽郭耽汝陽李巡北海趙祐等五人稱爲清忠皆在里巷不爭威權巡㠯爲諸博士試

甲乙科爭第高下更相告言至有行賂定蘭臺漆書經字㠯合其私文者迺白帝與諸儒共刻五經文於石於是詔蔡邕等正其文字自後五經一定爭者用息趙祐博學多覽著作校書諸儒稱之又小黃門甘陵吳伉善爲風角博達有奉公稱知不得用常託病還寺舍從容養志云

張讓者潁川人趙忠者安平人也少皆給事省中桓帝時爲小黃門忠㠯與誅梁冀功封都鄉侯與音預延熹八年黜爲關內侯食本縣租千斛靈帝時讓忠竝遷中常侍封列侯與曹節王甫等相爲表裏節死後忠領大長秋讓有監奴典任家事交通貨賂威刑諠赫扶風人孟佗佗音駝資產饒贍與奴朋結傾竭饋問無所遺愛奴咸德之問佗曰君何所欲力能辦也曰吾望汝曹爲我一拜耳時賓客求謁讓者車恒數百千兩佗時詣讓後至不得進監奴迺率諸蒼

頭迎拜於路遂共轝車入門賓客咸驚謂佗善於讓皆爭以珍玩賂之佗分以遺讓讓大喜遂以佗爲涼州刺史三輔決錄注曰佗字伯郎以蒲陶酒一斗遺讓讓即拜佗爲涼州刺史是時讓忠及夏惲郭勝孫璋畢嵐栗嵩段珪高望張恭韓悝宋典十二人皆爲中常侍封侯貴寵父兄子弟布列州郡所在貪殘爲人蠹害黃巾既作盜賊糜沸郎中中山張鈞上書曰竊惟張角所以能興兵作亂萬人所以樂附之者其源皆由十常侍多放父兄子弟婚親賓客典據州郡辜榷財利侵掠百姓百姓之寃無所告訴故謀議不軌聚爲盜賊宜斬十常侍縣頭南郊以謝百姓又遣使者布告天下可不須師旅而大寇自消天子以鈞章示讓等皆免冠徒跣頓首乞自致洛陽詔獄並出家財以助軍費有詔皆冠履視事如故帝怒鈞曰此眞狂子也十常侍固當有一人善者不鈞復重上猶如前章輒寢不報詔使廷尉侍御史考爲張角

道者御史承讓等旨遂誣奏鈞學黃巾道收掠死獄中而讓等實多與張角交通後中常侍封諝徐奉事獨發覺坐誅帝因怒詰讓等曰汝曹常言黨人欲爲不軌皆令禁錮或有伏誅今黨人更爲國用汝曹反與張角通爲可斬未皆叩頭云故中常侍王甫侯覽所爲帝迺止明年南宮災讓忠等說帝令斂天下田畝稅十錢以修宮室發太原河東狄道諸郡材木及文石每州郡部送至京師黃門常侍輒令譴呵不中者因强折賤買十分雇一（雇謂酬其價也）因復貨之於宦官復不爲卽受材木遂至腐積宮室連年不成刺史太守復增私調百姓呼嗟凡詔所徵求皆令西園騶密約勑（騶養馬人）號曰中使恐動州郡多受賕賂刺史二千石及茂才孝廉遷除皆責助軍修宮錢大郡至二三千萬餘各有差當之官者皆先至西園諧價然後得去（諧謂平論定其價也）有錢不畢者或至自殺其守淸者乞不之官皆

廹遣之時鉅鹿太守河內司馬直新除㠯有清名減責三百萬直被詔悵然曰爲民父母而反割剝百姓㠯稱時求吾不忍也辭疾不聽行至孟津上書極陳當世之失古今禍敗之戒卽吞藥自殺書奏帝爲暫絕修宮錢又造萬金堂於西園引司農金錢繒帛仭積其中（仭滿也）又還河間買田宅起第觀帝本侯家宿貧每歎桓帝不能作家居故聚爲私藏復藏寄小黃門常侍錢各數千萬常云張常侍是我父趙常侍是我母宦官得志無所憚畏並起第宅擬則宮室帝常登永安侯臺（永安宮也）宦官恐其望見居處迺使中大人尙但諫曰（尙姓但名）天子不當登高登高則百姓虛散自是不敢復升臺榭（春秋潛潭巴曰天子無高臺榭高臺榭則下畔之蓋因此以誑帝也）明年遂使鉤盾令宋典繕修南宮玉堂又使掖庭令畢嵐鑄銅人四列於蒼龍玄武闕（蒼龍東闕玄武北闕）又鑄四鍾皆受二千斛縣於玉堂及雲臺殿前又鑄天祿蝦蟇吐水於平門外橋

東轉水入宮又作翻車渴烏（翻車設機車以引水渴烏為曲筒以氣引水上也）施於橋西用灑南北郊路以省百姓灑道之費又鑄四出文錢錢皆四道識者竊言侈虐已甚形象兆見此錢成必四道而去及京師大亂錢果流布四海復以忠為車騎將軍百餘日罷六年帝崩中軍校尉袁紹說大將軍何進令誅中官以悅天下謀泄讓忠等因進入省遂共殺進而紹勒兵斬忠捕宦官無少長悉斬之讓等數十人劫質天子走河上追急讓等悲哭辭曰臣等殄滅天下亂矣惟陛下自愛皆投河而死

論曰自古喪大業絕宗禋者其所漸有由矣三代以嬖色取禍（夏以妹嬉殷以妲己周以褒姒）嬴氏以奢虐致災（秦始皇嬴姓也）西京自外戚失祚東都緣閹尹傾國成敗之來先史商之久矣（商謂商略）至於釁起宦夫其略猶或可言何者刑餘之醜理謝全生聲榮無暉於門閥肌膚莫傳於來體推情

未鑒其敝卽事易㠯取信加漸染朝事頗識典物故少主憑謹舊之庸女君資出內之命顧訪無猜憚之心恩狎有可悅之色亦有忠厚平端懷術糾邪謂呂強也或敏才給對飾巧亂實若良賀對順帝不舉人也或借譽貞良先時薦譽曹騰進邊韶延固等也非直苟恣凶德止於暴橫而已然眞邪並行情貌相越越違也謂貌雖似忠而情實姦邪故能回惑昏幼迷瞀視聽瞀亂也音茂蓋亦有其理焉詐利既滋朋徒日廣直臣抗議必漏先言之間謂蔡邕對詔王甫曹節竊觀之乃宣布於外而邕下獄也至戚發憤方啟專奪之隙謂竇武謀誅宦者反爲宦者所殺也斯忠賢所㠯智屈社稷故其爲墟易曰履霜堅冰至云所從來久矣今迹其所㠯亦豈一朝一夕哉易曰非一朝一夕之故其所由來者漸矣由辯之不早辯也易曰履霜堅冰至蓋言愼也言初履霜而堅冰至者以喻物漸而至大也

贊曰任失無小過用則違況迺巷職遠參天機毛詩曰寺人巷伯作爲此詩巷職卽寺人之職也舞文巧態作惠作威凶家害國夫豈異歸尚書曰臣無作威作福臣有作威作福其害于而家凶于而國又曰爲惡不同同歸于亂

宦者列傳第六十八

後漢書七十八

儒林列傳第六十九　　後漢書七十九上

唐章懷太子賢注

昔王莽更始之際，天下散亂，禮樂分崩，典文殘落。及光武中興，愛好經術，未及下車而先訪儒雅，採求闕文，補綴漏逸。禮記曰：武王克殷反商，未及下車而封黃帝之後於薊。先是四方學士多懷挾圖書，遁逃林藪。自是莫不抱負墳策，雲會京師，范升、陳元、鄭興、杜林、衞宏、劉昆、桓榮之徒，繼踵而集。於是立五經博士，各以家法教授，易有施、孟、梁丘、京氏，尚書歐陽、大小夏侯，詩齊、魯、韓、毛，禮大小戴，春秋嚴、顏，凡十四博士，太常差次總領焉。建武五年，迺修起太學，稽式古典，籩豆干戚之容，備之於列。籩豆，禮器也。竹謂之籩，木謂之豆。干，楯也。戚，鉞也。舞者所執。服方領習矩步者，委它乎其中。方領，直領也。委它，行貌也。委音於危反。它音以支反。中元元年，初建三雍。明帝即位，親行其禮。天子始冠通天，徐廣輿服雜注曰：天子朝冠通天冠，高九寸，黑介幘，金薄山，所常服也。衣日月，續漢志曰：乘輿備文日月星辰也。備法物之駕，胡廣漢制度曰天子出有大駕法駕小駕大駕則公卿奉引大將軍驂乘大僕御屬車八十一乘備千乘萬騎法駕公不在鹵簿唯河南尹執金吾洛陽令奉引侍中驂乘奉車郎御屬車三十六乘小駕太僕奉駕侍御史整車騎也盛清道之儀漢官儀曰清道以旄頭爲前驅也坐明堂而朝羣后登靈臺以望雲物雲物解見明紀袒割辟雍之上尊養三老五更饗射禮畢帝正坐自講諸儒執經問難於前冠帶縉紳之人圜橋門而觀聽者蓋億萬計漢官儀曰辟雍四門外有水以節觀者門外皆有橋觀者水外故云圜橋門也圜繞也其後復爲功臣子孫四姓末屬別立校舍搜選高能以受其業自期門羽林之士悉令通孝經章句匈奴亦遣子入學濟濟乎洋洋乎盛於永平矣建初中大會諸儒於白虎觀考詳同異連月迺罷肅宗親臨稱制如石渠故事石渠見章紀顧命史臣著爲通義卽白虎通義是又詔高才生受古文尚書毛詩穀梁左氏春秋雖不立學官然皆擢高第爲講郎給事近署所以網羅遺逸博存衆家孝和亦數幸東觀覽閱書林及鄧后稱制學者頗懈時樊準徐防並陳敦學之宜又言儒職多非其人於是制詔公

鄉妙簡其選三署郎能通經術者皆得察舉自安帝覽政薄於蓺文博士倚席不講禮記曰凡侍坐於大司成者遠近間三席又曰若非飲食之客則布席席間函丈注云謂講問客也倚席言不施講坐也朋友相視怠散學舍頹敝鞠為園蔬詩小雅曰鞠為茂草注云鞠窮也牧兒蕘豎至於薪刈其下順帝感翟酺之言迺更修黌宇說文曰黌學也黌與橫同凡所造構二百四十房千八百五十室試明經下第補弟子增甲乙之科員各十人除郡國耆儒皆補郎舍人太初元年梁太后詔曰大將軍下至六百石悉遣子就學每歲輒於鄉射月一饗會之以此為常漢官儀曰春三月秋九月習鄉射禮禮生皆使太學學生自是遊學增盛至三萬餘生然章句漸疏而多以浮華相尚儒者之風蓋衰矣黨人既誅其高名善士多坐流廢後遂至忿爭更相言告亦有私行金貨定蘭臺桼書經字以合其私文熹平四年靈帝迺詔諸儒正定五經刊於石碑為古文篆隸三體書法以相參檢樹之學門古文謂孔子壁中書篆書秦始皇使程邈所作也隸書亦程邈所獻也主於徒隸從簡易也謝承書曰碑立太學門外瓦屋覆之四

面欄障闕門於南河南郡設吏卒視之楊龍驤洛陽記載朱超石與兄書云石經文都似碑高一丈許廣四尺駢羅相接使天下咸取則焉初光武遷還洛陽其經牒祕書載之二千餘兩自此以後參倍於前及董卓移都之際吏民擾亂自辟雍東觀蘭臺石室宣明鴻都諸藏典策文章競共剖散其縑帛圖書大則連為帷蓋小乃制為縢囊縢亦縢也音徒恒反說文曰縢囊也及王允所收而西者裁七十餘乘道路艱遠復棄其半矣後長安之亂一時焚蕩莫不泯盡焉東京學者猥眾難以詳載今但錄其能通經名家者以為儒林篇其自有列傳者則不兼書若師資所承老子曰善人者不善人之師也不善人者善人之資也故因曰師資宜標名為證者乃著之云

前書云田何傳易授丁寬前書寬字子襄丁寬授田王孫王孫授沛人施讎東海孟喜琅邪梁丘賀前書讎字子卿喜字長卿賀字長翁由是易有施孟梁丘之學又東郡京房授易於梁國焦延壽前書延壽名贛別為京氏學又有東萊費直前書直字長翁傳易授琅邪王橫為費氏學前書橫作璜字平仲本以古字號古文易又

沛人高相傳易授子康及蘭陵毋將永爲高氏學 毋將姓也毋讀曰無 施孟梁丘京氏四家皆立博士費高二家未得立

劉昆字桓公陳留東昏人 東昏屬陳留郡東緡屬山陽郡諸本作緡者誤 梁孝王之胤也少習容禮 容儀也前書曾徐生善爲容孝文時以容爲禮官大夫 平帝時受施氏易於沛人戴賓能彈雅琴知清角之操 劉向別錄曰雅琴之意事皆出龍德諸琴雜事中前書藝文志曰雅琴龍氏名德趙氏名定韓子曰師曠對晉平公曰昔黃帝合鬼神駕象車交龍畢方並轄蚩尤居前風伯進埽雨師灑道作爲清角今君德薄不足以聽之 王莽世教授弟子恒五百餘人每春秋饗射常備列典儀以素木瓠葉爲俎豆桑弧蒿矢以射菟首 詩小雅瓠葉詩序曰刺幽王棄禮而不能行故思古之人不以微薄廢禮焉詩曰幡幡瓠葉采之亨之君子有酒酌言嘗之有兔斯首炰之燔之君子有酒酌言獻之昆懼禮之廢故引以瓠葉爲俎實射則歌菟首之詩而爲節也 每有行禮縣宰輒率吏屬而觀之王莽以昆多聚徒衆私行大禮有僭上心迺繫昆及家屬於外黃獄尋莽敗得免既而天下大亂昆避難河南負犢山中 郡國志河南郡有負犢山 建武五年舉孝廉不行遂逃教授於江陵光武聞之即除爲江陵令時縣連年火災昆輒向火

叩頭多能降雨止風徵拜議郎稍遷侍中弘農太守先是崤黽驛道多虎災行旅不通昆爲政三年仁風大行虎皆負子渡河帝聞而異之二十二年徵代杜林爲光祿勳詔問昆曰前在江陵反風滅火後守弘農虎北渡河行何德政而致是事昆對曰偶然耳左右皆笑其質訥帝歎曰此迺長者之言也顧命書諸策迺令入授皇太子及諸王小侯五十餘人二十七年拜騎都尉三十年以老乞骸骨詔賜洛陽第舍以千石祿終其身中元二年卒子軼字君文傳昆業門徒亦盛永平中爲太子中庶子建初中稍遷宗正卒官遂世掌宗正焉

洼丹字子玉（風俗通洼音圭）南陽育陽人也世傳孟氏易王莽時常避世教授專志不仕徒衆數百人建武初爲博士稍遷十一年爲大鴻臚作易通論七篇世號洼君通丹學義研深易家宗之稱爲大儒十

七年卒於官年七十時中山觟陽鴻字孟孫姓觟陽名鴻也觟音胡瓦反其字從角字或作鮭從魚者音胡佳反亦以孟氏易教授有名稱永平中爲少府

任安字定祖廣漢綿竹人也少遊太學受孟氏易兼通數經又從同郡楊厚學圖讖究極其術時人稱曰欲知仲桓問任安又曰居今行古任定祖學終還家教授諸生自遠而至初仕州郡後太尉再辟除博士公車徵皆稱疾不就州牧劉焉表薦之時王塗隔塞詔命竟不至年七十九建安七年卒於家

楊正字子行京兆人也少好學從代郡范升受梁丘易善說經書京師爲之語曰說經鏗鏗楊子行教授數百人范升嘗爲出婦所告坐繫獄政遒肉袒以箭貫耳抱升子潛伏道傍候車駕而持章叩頭大言曰范升三娶唯有一子今適三歲孤之可哀武騎虎賁懼驚乘輿舉弓射之猶不肯去旄頭又以戟叉政傷胷政猶不退

哀泣辭請有感帝心詔曰乞楊生師乞讀曰氣卽尺一出升政由是顯名爲人嗜酒不拘小節果敢自矜然篤於義時帝壻梁松皇后弟陰就皆慕其聲名而請與交友政每共言論常切磋懇至不爲屈撓嘗詣揚虛侯馬武武難見政稱疾不爲起政入戸徑升牀排武把臂責之曰卿蒙國恩備位藩輔不思求賢以報殊寵而驕天下英俊此非養身之道也今日動者刀入脅武諸子及左右皆大驚以爲見劫操兵滿側政顏色自若會陰就至責數武令爲交友其剛果任情皆如此也建初中官至左中郎將

張興字君上潁川鄢陵人也習梁丘易以教授建武中舉孝廉爲郎謝病去復歸聚徒後辟司徒馮勤府勤舉爲孝廉稍遷博士永平初遷侍中祭酒十年拜太子少傅顯宗數訪問經術既而聲稱著聞弟子自遠至者著錄且萬人爲梁丘家宗著於籍錄十四年卒于官

子魴傳興業位至張掖屬國都尉

戴憑字次仲汝南平輿人也習京氏易年十六郡舉明經徵試博士拜郎中時詔公卿大會羣臣皆就席憑獨立光武問其意憑對曰博士說經皆不如臣而坐居臣上是以不得就席帝即召上殿令與諸儒難說憑多所解釋帝善之拜爲侍中數進見問得失帝謂憑曰侍中當匡補國政勿有隱情憑對曰陛下嚴帝曰朕何用嚴憑曰伏見前太尉西曹掾蔣遵清亮忠孝學通古今陛下納膚受之訴遂致禁錮（論語孔子曰膚受之訴注云謂受人之訴譖皮膚之不深知其情核也）世以是爲嚴帝怒曰汝南子欲復黨乎憑出自繫廷尉有詔勑出後復引見憑謝曰臣無謇諤之節而有狂瞽之言不能以尸伏諫（韓詩外傳曰昔衛大夫史魚病且死謂其子曰我數知蘧伯玉之賢而不能進彌子瑕不肖而不能退死不當居喪正堂殯我於側室足矣衛君問其故子以父言聞於君君迺召蘧伯玉而貴之彌子瑕退之徙殯於正堂成禮而後去）偷生苟活誠慙聖朝帝即勑尚書解遵禁錮拜憑虎賁中郎將以侍中兼

領之正旦朝賀百僚畢會帝令羣臣能說經者更相難詰義有不通輒奪其席以益通者憑遂重坐五十餘席故京師爲之語曰解經不窮戴侍中在職十八年卒於官詔賜東園梓器錢二十萬時南陽魏滿字叔牙亦習京氏易教授永平中至弘農太守

孫期字仲彧濟陰成武人也少爲諸生習京氏易古文尚書家貧事母至孝牧豕於大澤中以奉養焉遠人從其學者皆執經壟畔以追之里落化其仁讓黃巾賊起過期里陌相約不犯孫先生舍郡舉方正遣吏齎羊酒請期期驅豕入草不顧司徒黃琬特辟不行終於家建武中范升傳孟氏易以授楊政而陳元鄭衆皆傳費氏易其後馬融亦爲其傳融授鄭玄玄作易注荀爽又作易傳自是費氏興而京氏遂衰

前書云濟南伏生（名勝）傳尚書授濟南張生及千乘歐陽生（字伯和）歐陽

生授同郡兒寬，寬授歐陽生之子，世世相傳，至曾孫歐陽高（高字子陽），爲尚書歐陽氏學。張生授夏侯都尉（都尉名），都尉授族子始昌，始昌傳族子勝，爲大夏侯氏學。勝傳從兄子建，建別爲小夏侯氏學。三家皆立博士。又魯人孔安國傳古文尚書，授都尉朝（姓都尉，名朝），朝授膠東庸譚，爲尚書古文學，未得立。

歐陽歙字正思，樂安千乘人也。自歐陽生傳伏生尚書，至歙八世，皆爲博士。歙既傳業，而恭謙好禮讓。王莽時，爲長社宰（長社，今許州縣也）。更始立，爲原武令。世祖平河北，到原武，見歙在縣修政，遷河南都尉，後行太守事。世祖即位，始爲河南尹，封被陽侯（被陽故城在今淄州高苑縣西南）。建武五年，坐事免官。明年，拜揚州牧，遷汝南太守。推用賢俊，政稱異迹。九年，更封夜侯（夜，今萊州掖縣）。歙在郡，教授數百人，視事九歲，徵爲大司徒。坐在汝南臧罪千餘萬發覺下獄。諸生守闕爲歙求哀者千餘人，至有自髡剔者平原禮震年十七聞獄當斷馳之京師行到河內獲嘉縣自繫上書求代歙死曰伏見臣師大司徒歐陽歙學為儒宗八世博士而以臧咎當伏重辜歙門單子幼未能傳學身死之後永為廢絕上令陛下獲殺賢之譏下使學者喪師資之益乞殺身以代歙命書奏而歙已死獄中謝承書曰震字仲威光武嘉其仁義拜震郎中後以公事左遷淮陽王廄長歙掾陳元上書追訟之言甚切至帝迺賜棺木贈印綬賻縑三千匹子復嗣後卒無子國除濟陰曹曾字伯山從歙受尚書門徒三千人位至諫議大夫子祉河南尹傳父業教授又陳留陳弁字叔明亦授歐陽尚書於司徒丁鴻仕為蘄長續漢書曰弁以尚書教授躬自耕種常有黃雀飛來隨弁翱翔

牟長字君高樂安臨濟人也其先封牟春秋之末國滅因氏焉長少習歐陽尚書不仕王莽世祖建武二年大司空弘宋弘也特辟拜博士稍遷河內大守坐墾田不實免長自為博士及在河內諸生講

學者常有千餘人著錄前後萬人著尚書章句皆本之歐陽氏俗號爲牟氏章句復徵爲中散大夫賜告一歲卒於家子紆又以隱居教授門生千人肅宗聞而徵之欲以爲博士道物故在路死也案魏臺訪問物故之義高堂隆答曰聞之先師物無也故事也言死者無復所能於事故也

宋登字叔陽京兆長安人也父由爲太尉登少傳歐陽尚書教授數千人爲汝陰令政爲明能號稱神父遷趙相入爲尚書僕射順帝以登明識禮樂使持節臨太學奏定典律轉拜侍中數上封事抑退權臣由是出爲潁川太守市無二價道不拾遺病免卒於家汝陰人配社祠之

張馴字子儁濟陰定陶人也少遊太學能誦春秋左氏傳以大夏侯尚書教授辟公府舉高第拜議郎與蔡邕共奏定六經文字擢拜侍中典領祕書近署甚見納異多因便宜陳政得失朝廷嘉之

遷丹陽太守化有惠政光和七年徵拜尚書遷大司農初平中卒於官

尹敏字幼季南陽堵陽人也堵音者少爲諸生初習歐陽尚書後受古文兼善毛詩穀梁左氏春秋建武二年上疏陳洪範消災之術時世祖方草創天下未遑其事命敏待詔公車拜郎中辟大司空府帝以敏博通經記令校圖讖使蠲去崔發所爲王莽著錄次比前書王莽居攝三年廣饒侯劉京車騎將軍千人扈雲太保屬臧鴻奏符命京言齊郡新井雲言巴郡石牛鴻言扶風雍石莽皆迎受十一月甲子莽上奏太后曰巴郡石牛雍石文皆到未央宮之前殿臣與太保安陽侯舜等視天風起塵冥風止得銅符帛圖於石前文曰天告帝符獻者封侯承天命用神說騎都尉崔發等視說其後莽封發爲說符侯敏對曰讖書非聖人所作其中多近鄙別字頗類世俗之辭恐疑誤後生帝不納敏因其闕文增之曰君無口爲漢輔帝見而怪之召敏問其故敏對曰臣見前人增損圖書敢不自量竊幸萬一帝深非之雖意不罪而亦以此沈滯與班彪親善每相遇輒日旰忘食夜分不寢

旰晚也

自㠯爲鍾期伯牙莊周惠施之相得也（說苑曰伯牙子鼓琴其友鍾子期聽之志在於山水子期皆知之子期死伯牙屏琴絕絃終身不復鼓琴莊子曰莊子送葬過惠子之墓顧謂從者曰郢人堊墁其鼻端若蠅翼使匠石斲之匠石運斤成風聽而斲之盡堊而鼻不傷郢人立不失容元君聞之召匠石曰嘗爲寡人爲之匠石曰臣則嘗斲之雖然臣之質死久矣自惠子之死吾無以爲質矣吾無與言之堊墁有泥墁之也堊音於各反墁音莫干反蠅翼薄也）後三遷長陵令永平五年詔書捕男子周慮慮素有名稱而善於敏敏坐繫免官及出歎曰瘖聾之徒眞世之有道者也何謂察察而遇斯患乎十一年除郎中遷諫議大夫卒於家

周防字偉公汝南汝陽人也父揚少孤微常修逆旅（杜預注左傳曰逆旅客舍也）㠯供過客而不受其報防年十六仕郡小吏世祖巡狩汝南召掾史試經防尤能誦讀拜爲守丞防㠯未冠謁去（禮男子二十冠自以年未成人故請去謁請也）師事徐州刺史蓋豫受古文尚書經明舉孝廉拜郎中撰尚書雜記三十二篇四十萬言太尉張禹薦補博士稍遷陳留太守坐法免年七十八卒於家子舉自有傳

孔僖字仲和魯國魯人也自安國以下世傳古文尚書毛詩曾祖父子建少遊長安與崔篆友善及篆仕王莽爲建新大尹（莽改千乘國曰建信又改曰建新郡守曰大尹）嘗勸子建仕對曰吾有布衣之心子有袞冕之志各從所好不亦善乎道既乖矣請從此辭遂歸終於家僖與崔篆孫駰復相友善同遊太學習春秋因讀吳王夫差時事僖廢書歎曰若是所謂畫龍不成反爲狗者（夫差伐越敗之越王句踐乃以甲兵五千人棲於會稽使大夫種因吳太宰嚭而行成吳王將許之伍子胥諫曰今不滅後必悔之吳王不聽後句踐滅吳吳王曰吾悔不用子胥之言遂自剄死）駰曰然昔孝武皇帝始爲天子年方十八崇信聖道師則先王五六年間號勝文景（前書武帝年十七即位即位一年議立明堂安車蒲輪徵魯申公六年舉賢良班固贊曰以武帝之雄才大略不改文景之恭儉以濟斯人雖詩書所稱何以加茲也）及後恣己忘其前之爲善（謂武帝末年好神仙祭祀之事征伐四夷連兵三十餘年又信巫蠱天下戶口減半人相食算及舟車官賣鹽鐵也）僖曰書傳若此多矣鄰房生梁郁儳和之曰（儳謂不與之言而傍對也禮記曰無儳言儳音仕鑒反）如此武帝亦是狗邪僖駰默然不對郁怒恨之陰上書告駰僖誹謗先帝刺譏當世事下有司駰

詣吏受訊僖㠯吏捕方至恐誅迺上書肅宗自訟曰臣之愚意㠯爲凡言誹謗者謂實無此事而虛加誣之也至如孝武皇帝政之美惡顯在漢史坦如日月是爲直說書傳實事非虛謗也夫帝者爲善則天下之善咸歸焉其不善則天下之惡亦萃焉斯皆有㠯致之故不可㠯誅於人也誅責也且陛下即位㠯來政教未過而德澤有加言政教未有過失也天下所具也臣等獨何譏刺哉假使所非實是則固應悛改儻其不當亦宜含容又何罪焉陛下不推原大數深自爲計徒肆私忿㠯快其意臣等受戮死即死耳顧天下之人必回視易慮㠯此事闚陛下心自今㠯後苟見不可之事終莫復言者矣臣之所㠯不愛其死猶敢極言者誠爲陛下深惜此大業陛下若不自惜則臣何賴焉齊桓公親揚其先君之惡㠯唱管仲國語曰魯莊公束縛管仲以與齊桓公公親迎於郊而與之坐問焉昔吾先君襄公築臺以爲高位田狩畢弋不聽國政卑聖侮士而唯女是崇九妃六嬪陳妾數百食必粱肉衣必文繡戎士凍餒是以國家不日引不月

長恐宗廟不埽除社稷不血食敢問爲此若何管子曰昔者聖王之理天下定人之居成人之事而愼用其六柄焉四人者勿使雜處雜處則其言哤其事易也然後羣臣得盡其心今陛下迺欲以十世之武帝遠諱實事豈不與桓公異哉臣恐有司卒然見構銜恨蒙枉不得自敘使後世論者擅以陛下有所方比寧可復使子孫追掩之乎謹詣闕伏待重誅帝始亦無罪僖等意及書奏立詔勿問拜僖蘭臺令史元和二年春帝東巡狩還過魯幸闕里以太牢祠孔子及七十二弟子案史記達者七十二人作六代之樂黃帝曰雲門堯曰咸池舜曰大韶禹曰大夏湯曰大護周曰大武大會孔氏男子二十以上者六十三人命儒者講論僖因自陳謝帝曰今日之會寧於卿宗有光榮乎對曰臣聞明王聖主莫不尊師貴道今陛下親屈萬乘辱臨敝里此迺崇禮先師增輝聖德至於光榮非所敢承帝大笑曰非聖者子孫焉有斯言乎遂拜僖郎中賜褒成侯損及孔氏男女錢帛詔僖從還京師使校書東觀冬拜臨晉令崔駰以家林筮之崔篆所作易林

也

謂爲不吉止僖曰子盍辭乎僖曰學不爲人仕不擇官吉凶由已而由卜乎在縣三年卒官遺令即葬二子長彥季彥並十餘歲蒲坂令許君然勸令反魯對曰今載柩而歸則違父令舍墓而去心所不忍遂留華陰長彥好章句學季彥守其家業門徒數百人延光元年河西大雨雹大者如斗安帝詔有道術之士極陳變眚迺召季彥見於德陽殿帝親問其故對曰此皆陰乘陽之徵也今貴臣擅權母后黨盛陛下宜修聖德慮此二者帝默然左右皆惡之舉孝廉不就三年年四十七終於家初平帝時王莽秉政迺封孔子後孔均爲襃成侯追謚孔子爲襃成宣尼及王莽敗失國建武十三年世祖復封均子志爲襃成侯志卒子損嗣永元四年徙封襃亭侯損卒子曜嗣曜卒子完嗣世世相傳至獻帝初國絕

臣賢案獻帝後至魏封孔子二十一葉孫羨爲崇聖侯晉封二十三葉孫震爲奉聖亭侯後魏封二十七葉孫乘爲崇聖大夫太和十九年孝文幸魯親祠孔子廟又改封二十八葉孫珍爲崇聖侯北

齊改封三十一葉孫爲恭聖侯周武帝平齊改封鄒國公隋文帝仍舊封鄒國公
隋煬帝改封爲紹聖侯貞觀十一年封夫子裔孫子德倫爲褒聖侯倫今見存

楊倫字仲理陳留東昏人也少爲諸生師事司徒丁鴻習古文尚書爲郡文學掾更歷數將志乖於時㠯不能人間事遂去職不復應州郡命講授於大澤中弟子至千餘人元初中郡禮請三府竝辟公車徵皆辭疾不就後特徵博士爲清河王傅是歲安帝崩倫輒棄官奔喪號泣闕下不絕聲閻太后㠯其專任去職坐抵罪順帝即位詔免倫刑遂留行喪於恭陵服闋徵拜侍中是時邵陵令任嘉在職貪穢因遷武威太守後有人奏嘉臧罪千萬徵考廷尉其所牽染將相大臣百有餘人倫迺上書曰臣聞春秋誅惡及本本誅則惡消振裘持領領正則毛理今任嘉所坐狼籍未受辜戮猥㠯垢身改典大郡自非案坐舉者無㠯禁絕姦萌往者湖陸令張疊蕭令駟賢徐州刺史劉福等釁穢旣章咸服其誅而豺狼之

吏至今不絕者豈非本舉之主不加之罪乎昔齊威之霸殺姦臣五人并及舉者以弭謗讟當斷不斷黃石所戒（黃石公三略曰當斷不斷反受其亂）夫聖王所以聽僮夫匹婦之言者猶塵加嵩岱霧集淮海雖未有益不爲損也惟陛下留神省察奏御有司以倫言切直辭不遜順下之尚書奏倫探知密事徼以求直坐不敬結鬼薪（結正其罪也鬼薪取薪以給宗廟三歲刑也）詔書以倫數進忠言特原之免歸田里陽嘉二年徵拜太中大夫大將軍梁商以爲長史諫諍不合出補常山王傅病不之官詔書勑司隸催促發遣倫逎留河內朝歌以疾自上曰有留死一尺無北行一寸刎頸不易九裂不恨（裂死也楚詞曰雖九死其猶未悔也）匹夫所執彊於三軍（論語曰三軍可奪帥也匹夫不可奪志也）固敢有辭帝逎下詔曰倫出幽升高（詩曰出自幽谷升于喬木）寵以藩傅稽留王命擅止道路託疾自從苟肆狷志（狷狂狷也音絹）遂徵詣廷尉有詔原罪倫前後三徵皆以直諫不合旣歸閉門講授自絕人事公車復

徵遜遁不行卒於家遁逃也　中興北海牟融習大夏侯尚書東海王良習小夏侯尚書沛國桓榮習歐陽尚書榮世習相傳授東京最盛扶風杜林傳古文尚書林同郡賈逵爲之作訓馬融作傳鄭玄注解由是古文尚書遂顯於世

儒林列傳第六十九上

後漢書七十九上

儒林傳第六十九下

後漢書七十九下

唐章懷太子賢注

前書魯人申公受詩於浮丘伯爲作詁訓是爲魯詩齊人轅固生亦傳詩是爲齊詩燕人韓嬰亦傳詩是爲韓詩三家皆立博士趙人毛萇傳詩是爲毛詩未得立

高詡字季回平原般人也（般音卜滿反）曾祖父嘉以魯詩授元帝仕至上谷太守父容少傳嘉學哀平閒爲光祿大夫詡以父任爲郎中世傳魯詩以信行淸操知名王莽篡位父子稱盲逃不仕莽世光武卽位大司空宋弘薦詡徵爲郎除符離長（符離縣故城在今徐州符離縣東也）去官後徵爲博士建武十一年拜大司農在朝以方正稱十三年卒官賜錢及家田

包咸字子良會稽曲阿人也（曲阿今潤州縣）少爲諸生受業長安師事博士

右師細君（姓右師）習魯詩論語王莽末去歸鄉里於東海界爲赤眉賊所得遂見拘執十餘日咸晨夜誦經自若賊異而遣之因往東海立精舍講授光武即位迺歸鄉里太守黃讜署戶曹史欲召咸入授其子咸曰禮有來學而無往教（禮記曰禮聞來學不聞往教也）讜遂遣子師之舉孝廉除郎中建武中入授皇太子論語又爲其章句拜諫議大夫侍中右中郎將永平五年遷大鴻臚每進見錫以几杖入屏不趨贊事不名經傳有疑輒遣小黃門就舍即問顯宗以咸有師傅恩而素清苦常特賞賜珍玩束帛奉祿增於諸卿咸皆散與諸生之貧者病篤帝親輦駕臨視八年年七十一卒于官子福拜郎中亦以論語入授和帝

魏應字君伯任城人也少好學建武初詣博士受業習魯詩閉門誦習不交僚黨京師稱之後歸爲郡吏舉明經除濟陰王文學以

疾免官教授山澤中徒衆常數百人永平初爲博士再遷侍中十三年遷大鴻臚十八年拜光祿大夫建初四年拜五官中郎將詔入授千乘王伉應經明行修弟子自遠方至著錄數千人肅宗甚重之數進見論難於前特受賞賜時會京師諸儒於白虎觀講論五經同異使應專掌難問侍中淳于恭奏之帝親臨稱制如石渠故事明年出爲上黨太守徵拜騎都尉卒於官

伏恭字叔齊琅邪東武人司徒湛之兄子也湛弟黯字稚文㠯明齊詩改定章句作解說九篇位至光祿勳無子㠯恭爲後恭性孝事所繼母甚謹少傳黯學㠯任爲郎建武四年除劇令視事十三年㠯惠政公廉聞青州舉爲尤異太常試經第一拜博士遷常山太守敦修學校教授不輟由是北州多爲伏氏學永平二年代梁松爲太僕四年帝臨辟雍於行禮中拜恭爲司空儒者㠯爲榮初

父黯章句繁多恭迺省減浮辭定爲二十萬言在位九年㠯病乞骸骨罷詔賜千石奉㠯終其身十五年行幸瑯邪引遇如三公儀建初二年冬肅宗行饗禮㠯恭爲三老年九十元和元年卒賜葬顯節陵下子壽官至東郡太守

任末字叔本蜀郡繁人也（繁縣故城在今益州新繁縣北）少習齊詩遊京師教授十餘年友人董奉德於洛陽病亡末迺躬推鹿車載奉德喪致其墓所由是知名爲郡功曹辭㠯病免後奔師喪於道物故臨命敕兄子造曰必致我尸於師門使死而有知魂靈不慙如其無知得土而已造從之

景鸞字漢伯廣漢梓潼人也少隨師學經涉七州之地能理齊詩施氏易兼受河洛圖緯作易說及詩解文句兼取河洛㠯類相從名爲交集又撰禮內外記號曰禮略又抄風角雜書列其占驗作

興道一篇及作月令章句凡所著述五十餘萬言數上書陳救災變之術州郡辟命不就以壽終

薛漢字公子淮陽人也世習韓詩父子以章句著名漢少傳父業尤善說災異讖緯教授常數百人建武初爲博士受詔校定圖讖當世言詩者推漢爲長永平中爲千乘太守政有異迹後坐楚事辭相連下獄死弟子犍爲杜撫會稽澹臺敬伯鉅鹿韓伯高最知名

杜撫字叔和犍爲武陽人也少有高才受業於薛漢定韓詩章句後歸鄉里教授沈靜樂道舉動必以禮弟子千餘人後爲驃騎將軍東平王蒼所辟及蒼就國掾史悉補王官屬未滿歲皆自劾歸時撫爲大夫不忍去蒼聞賜車馬財物遣之辟太尉府建初中爲公車令數月卒官其所作詩題約義通學者傳之曰杜君注云

召馴字伯春，九江壽春人也。曾祖信臣，元帝時爲少府。召信臣爲南陽太守，號曰召父。父建武中爲卷令。卷縣屬滎陽郡。卷音丘圓反。馴少習韓詩，博通書傳，以志義聞，鄉里號之曰：「德行恂恂召伯春。」累仕州郡，辟司徒府。建初元年，稍遷騎都尉，侍講肅宗。拜左中郎將，入授諸王。帝嘉其義學，恩寵甚崇。出拜陳留太守，賜刀劍錢物。元和二年，入爲河南尹。章和二年，代任隗爲光祿勳。卒於官，賜冢塋陪園陵。孫休，位至青州刺史。

楊仁字文義，巴郡閬中人也。建武中，詣師學習韓詩，數年歸，靜居教授。仕郡爲功曹，舉孝廉，除郎。太常上仁經中博士，上音時掌反，下同。仁自以年未五十，不應舊科，漢官儀曰：「博士限年五十以上。」上府讓選。顯宗特詔補北宮衞士令，北宮衞士令一人，秩六百石。引見，問當世政迹。仁對以寬和任賢，抑黜驕戚爲先。又上便宜十二事，皆當世急務。帝嘉之，賜以縑錢。及帝崩，時諸馬貴盛各爭欲入宮仁被甲持戟嚴勒門衛莫敢輕進者肅宗旣立諸馬共譖仁刻峻帝知其忠愈善之拜什邡令（今益州什邡縣也音十方）寬惠爲政勸課掾史弟子悉令就學其有通明經術者顯之右署（右署上司）或貢之朝由是義學大興墾田千餘頃行兄喪去官後辟司徒桓虞府掾有宋章者貪奢不法仁終不與交言同席時人畏其節後爲閬中令卒於官

趙曄字長君會稽山陰人也少嘗爲縣吏奉檄迎督郵曄恥於斯役遂棄車馬去到犍爲資中（資中縣名今資州資陽縣）詣杜撫受韓詩究竟其術積二十年絶問不還家爲發喪制服曄卒業迺歸州召補從事不就舉有道卒於家曄著吳越春秋詩細歷神淵蔡邕至會稽讀詩細而歎息以爲長於論衡邕還京師傳之學者咸誦習焉時山陽張匡字文通亦習韓詩作章句後舉有道博士徵不就卒於家

衞宏字敬仲東海人也少與河南鄭興俱好古學初九江謝曼卿善毛詩廼爲其訓宏從曼卿受學因作毛詩序善得風雅之旨於今傳於世後從大司空杜林更受古文尚書爲作訓旨時濟南徐巡師事宏後從林受學亦㠯儒顯由是古學大興光武㠯爲議郎宏作漢舊儀四篇㠯載西京雜事又著賦頌誄七首皆傳於世中興後鄭衆賈逵傳毛詩後馬融作毛詩傳鄭玄作毛詩箋（箋薦也薦成毛義也張華博物志曰鄭注毛詩曰箋不解此意或云毛公嘗爲北海相玄是郡人故以爲敬云）

前書魯高堂生（高堂生名隆）漢興傳禮十七篇後瑕丘蕭奮㠯授同郡后蒼蒼授梁人戴德及德兄子聖沛人慶普（德字近君聖字次君普字孝公）於是德爲大戴禮聖爲小戴禮普爲慶氏禮三家皆立博士孔安國所獻禮古經五十六篇及周官經六篇前世傳其書未有名家中興㠯後亦有大小戴博士雖相傳不絕然未有顯於儒林者建武中曹充習

慶氏學傳其子褒遂撰漢禮事在褒傳

董鈞字文伯犍爲資中人也習慶氏禮事大鴻臚王臨元始中舉明經遷廩犧令前書平帝元始五年舉明經漢官儀曰今廩犧令一人秩六百石病去官建武中舉孝廉辟司徒府鈞博通古今數言政事永平中爲博士時草創五郊祭祀續漢志曰永平中以禮讖及月令有五郊迎氣因采元和中故事兆五郊于洛陽四方中兆在未壇皆三尺及宗廟禮樂威儀章服輒令鈞參議多見從用當世稱爲通儒累遷五官中郎將常教授門生百餘人後坐事左轉騎都尉年七十餘卒於家中興鄭衆傳周官經後馬融作周官傳授鄭玄玄作周官注玄本習小戴禮後以古經校之取其義長者故爲鄭氏學玄又注小戴所傳禮記四十九篇通爲三禮焉

前書齊胡毋子都傳公羊春秋授東平嬴公嬴公授東海孟卿孟卿授魯人眭孟眭孟授東海嚴彭祖魯人顏安樂彭祖爲春秋嚴

氏學安樂爲春秋顏氏學前書彭祖字公子安樂字公孫安樂即眭孟姊子也又瑕丘江公傳穀梁春秋三家皆立博士梁太傅賈誼爲春秋左氏傳訓詁授趙人貫公

丁恭字子然山陽東緡人也東緡今兗州金鄉縣習公羊嚴氏春秋恭學義精明教授常數百人州郡請召不應建武初爲諫議大夫博士封關內侯十一年遷少府諸生自遠方至者著錄數千人當世稱爲大儒太常樓望侍中承宮長水校尉樊儵等皆受業於恭二十年拜侍中祭酒騎都尉與侍中劉昆俱在光武左右每事諮訪焉卒於官

周澤字穉都北海安丘人也少習公羊嚴氏春秋隱居教授門徒常數百人建武末辟大司馬府署議曹祭酒數月徵試博士中元元年遷黽池令奉公剋己矜恤孤羸吏人歸愛之永平五年遷右

中郎將十年拜太常澤果敢直言數有據爭後北地太守廖信廖音力弔反坐貪穢下獄沒入財産顯宗㠯信臧物班諸廉吏唯澤及光祿勳孫堪大司農常沖特蒙賜焉是時京師翕然在位者咸自勉勵

堪字子穉河南緱氏人也明經學有志操清白貞正愛士大夫然一毫未嘗取於人㠯節介氣勇自行王莽末兵革竝起宗族老弱在營保間堪常力戰陷敵無所回避數被創刃宗族賴之郡中咸服其義勇建武中仕郡縣公正廉絜奉祿不及妻子皆㠯供賓客及爲長吏所在有迹爲吏人所敬仰喜分明去就嘗爲縣令謁府趨步遲緩門亭長譴堪御吏堪便解印綬去不之官後復仕爲左馮翊坐御下促急司隸校尉舉奏免官數月徵爲侍御史再遷尚書令永平十一年拜光祿勳堪清廉果於從政數有直言多見納用十八年㠯病乞身爲侍中騎都尉卒於官堪行類於澤故京師

號曰二穉十二年㠯澤行司徒事如眞澤性簡忽威儀頗失宰相之望數月復爲太常清絜循行盡敬宗廟常臥病齋宮其妻哀澤老病闚問所苦澤大怒㠯妻干犯齋禁遂收送詔獄謝罪當世疑其詭激時人爲之語曰生世不諧作太常妻一歲三百六十日三百五十九日齋（漢官儀此下云日不齋醉如泥）十八年拜侍中騎都尉後數爲三老五更建初中致仕卒於家

鍾興字次文汝南汝陽人也少從少府丁恭受嚴氏春秋恭薦興學行高明光武召見問㠯經義應對甚明帝善之拜郎中稍遷左中郎將詔令定春秋章句去其復重（復音複重音直容反）㠯授皇太子又使宗室諸侯從興受章句封關內侯興自㠯無功不敢受爵帝曰生教訓太子及諸王侯非大功邪興曰臣師丁恭於是復封恭而興遂固辭不受爵卒於官

甄宇字長文北海安丘人也清靜少欲習嚴氏春秋教授常數百人建武中爲州從事徵拜博士東觀記曰建武中每臘詔書賜博士一羊羊有大小肥瘦時博士祭酒議欲殺羊分肉又欲投鉤宇復恥之宇因先自取其最瘦者由是不復有爭訟後召會問瘦羊博士所在京師因以號之稍遷太子少傅卒於官傳業子普普傳子承承尤篤學未嘗視家事講授嘗數百人諸儒以承三世傳業莫不歸服之建初中舉孝廉卒於梁相子孫傳學不絕

樓望字次子陳留雍丘人也少習嚴氏春秋操節清白有稱鄉閭建武中趙節王栩光武叔父趙王良之子謚曰節聞其高名遣使齎玉帛請以爲師望不受後仕郡功曹永平初爲侍中越騎校尉入講省內十六年遷大司農十八年代周澤爲太常建初五年坐事左轉太中大夫後爲左中郎將教授不倦世稱儒宗諸生著錄九千餘人年八十永元十三年卒於官門生會葬者數千人儒家以爲榮

程曾字秀升豫章南昌人也受業長安習嚴氏春秋積十餘年還

家講授會稽顧奉等數百人常居門下著書百餘篇皆五經通難又作孟子章句建初三年舉孝廉遷海西令卒於官

張玄字君夏河內河陽人也少習顏氏春秋兼通數家法建武初舉明經補弘農文學遷陳倉縣丞清淨無欲專心經書方其講問迺不食終日及有難者輒爲張數家之說令擇從所安諸儒皆伏其多通著錄千餘人玄初爲縣丞嘗已職事對府不知官曹處吏白門下責之時右扶風琅邪徐業亦大儒也聞玄諸生試引見之與語大驚曰今日相遭眞解矇矣遭逢也遂請上堂難問極日後玄去官舉孝廉除爲郎會顏氏博士缺玄試策第一拜爲博士居數月諸生上言玄兼說嚴氏宣氏不宜專爲顏氏博士光武且令還署未及遷而卒

李育字元春扶風漆人也漆縣今豳州辛平縣少習公羊春秋沈思專精博覽

書傳知名太學深爲同郡班固所重固奏記薦育於驃騎將軍東平王蒼由是京師貴戚爭往交之州郡請召育到輒辭病去常避地教授門徒數百頗涉獵古學嘗讀左氏傳雖樂文采然謂不得聖人深意以爲前世陳元范升之徒更相非折（折難也音之舌反）而多引圖讖不據理體於是作難左氏義四十一事建初元年衞尉馬廖舉育方正爲議郎後拜博士四年詔與諸儒論五經於白虎觀育以公羊義難賈逵往返皆有理證最爲通儒再遷尚書令及馬氏廢（建初八年順陽侯馬廖子豫爲步兵校尉坐投書怨謗豫免廖歸國）育坐爲所舉免歸歲餘復徵再遷侍中卒於官

何休字邵公任城樊人也（樊縣故城在今兗州瑕丘縣西南）父豹少府休爲人質朴訥口而雅有心思精研六經世儒無及者以列卿子詔拜郎中非其好也辭疾而去不仕州郡進退必以禮太傅陳蕃辟之與參政事

蕃敗休坐廢錮迺作春秋公羊解詁博物志曰何休注公羊云何氏學有不解者乃宣此義不出于已此言爲允也覃思不闚門十有七年又注訓孝經論語風角七分皆經緯典謨不與守文同說又以春秋駮漢事六百餘條妙得公羊本意休善歷算與其師博士羊弼追述李育意以難二傳作公羊墨守言公羊之義不可攻如墨翟之守城也左氏膏肓穀梁廢疾黨禁解又辟司徒羣公表休道術深明宜侍帷幄倖臣不悅之迺拜議郎屢陳忠言再遷諫議大夫年五十四光和五年卒

服虔字子慎初名重又名祇後改爲虔河南滎陽人也少以清苦建志入太學受業有雅才善著文論作春秋左氏傳解行之至今又以左傳駮何休之所駮漢事六十條舉孝廉稍遷中平末拜九江太守免遭亂行客病卒所著賦碑誄書記連珠九憤凡十餘篇

潁容字子嚴陳國長平人也長平縣故城在今陳州西北博學多通善春秋左氏師

事太尉楊賜郡舉孝廉州辟公車徵皆不就初平中避亂荆州聚徒千餘人劉表吕爲武陵太守不肯起著春秋左氏條例五萬餘言建安中卒

謝該字文儀南陽章陵人也善明春秋左氏爲世名儒門徒數百千人建安中河東人樂詳條左氏疑滯數十事吕問該皆爲通解之名爲謝氏釋行於世魏略曰詳字文載少好學聞謝該善左氏傳乃從南陽步涉詣許從該問難諸要今左氏問七十二事詳所撰也杜畿爲太守署詳文學祭酒黄初中徵拜博士十餘人學多褊狹又不熟悉唯詳五業並授其或難質不解詳無慍色以杖畫地牽譬引類至忘寢食也仕爲公車司馬令吕父母老託疾去官欲歸鄉里會荆州道斷不得去少府孔融上書薦之曰臣聞高祖創業韓彭之將征討暴亂陸賈叔孫通進説詩書陸賈爲太中大夫時前稱説詩書著書十二篇每奏一篇高祖未嘗不稱善叔孫通爲高祖制禮儀並見前書光武中興吳耿佐命范升衛宏修述舊業故能文武並用成長久之計陛下聖德欽明同符二祖勞謙尼運三年迺讙史記高宗諒闇三年不言言乃讙時靈帝崩後獻帝居諒闇初釋服也今尚父鷹揚

方叔翰飛尚父太公也毛詩曰維師尚父時惟鷹揚又曰方叔涖止其車三千鴥彼飛隼翰飛戾天注云方叔卿士命為將也涖臨也鴥急疾之貌也飛乃至天喻士卒至勇能深入攻敵征伐故須賢人也王師電鷙羣凶破殄始有櫜弓臥鼓之次毛詩曰載櫜弓矢櫜所以盛弓言今太平櫜弓臥鼓不用宜得名儒典綜禮紀竊見故公車司馬令謝該體曾史之淑性曾參史魚兼商偃之文學卜商言偃也論語曰文學則子游子夏博通羣蓺周覽古今物來有應事至不惑清白異行敦悅道訓求之遠近少有疇匹若乃巨骨出吳史記曰吳伐越隳會稽得骨節專車吳使使問仲尼骨何者最大仲尼曰禹致羣神於會稽山防風氏後至禹殺而僇之其節專車此為大也隼集陳庭史記曰有隼集于陳庭而死楛矢貫之石砮矢長尺有咫陳湣公使問仲尼仲尼曰隼來遠矣此肅慎之矢也昔武王克商通道九夷百蠻使各以其方賄來貢於是肅慎貢楛矢石砮長尺有咫先王以分大姬配虞胡公而封諸陳試求之故府果得之黃熊入寢左傳曰鄭子產聘于晉晉侯有疾韓宣子曰寡君寢疾於今三月矣今夢黃熊入於寢門其何厲鬼邪對曰昔堯殛鯀于羽山其神化為黃熊以入羽泉實為夏郊三代祀之晉為盟主其或者未之祀也韓子祀夏郊晉侯有間亥有二首左傳晉悼夫人食輿人之城杞者絳縣人或年長矣無子而往與於食有與疑年使之年曰臣小人也不知紀年臣生之歲正月甲子朔四百有四十五甲子矣其季於今三之一也吏走問諸朝師曠曰魯叔仲惠伯會郤成子于承匡之歲也七十三年矣史趙曰亥有二首六身下二如身是其日數也士文伯曰然則二萬六千六百有六旬也杜注云亥字二畫在上併三六為身如算之六也非夫洽聞者莫識其端也儁不疑定北闕之前前書昭帝時有男子成方遂詣北闕自稱衛太子丞相御史二千石至者立莫敢發言京兆尹

儁不疑後到叱從吏收縛或曰是非未可知不疑曰諸君何患於衛太子昔蒯聵違命出奔輒距而不納春秋是之衛太子得罪先帝亡不卽死今來自詣此罪人也遂送下詔獄天子與大將軍霍光聞而嘉之曰公卿大臣當用經術明於大義也**夏侯勝辯常陰之驗然後朝士益重儒術**前書曰昌邑王嗣立數出勝當乘輿車前諫曰天久陰不雨臣下有謀上者陛下欲何之王怒謂勝爲妖言縛以屬吏吏白霍光是時光與張子孺謀欲廢王光讓子孺以爲泄子孺實不泄召問勝對言在洪範光子孺以此益重儒術士**今該實卓然比跡前列間以父母老疾棄官欲歸道路險塞無由自致猥使良才抱璞而逃踰越山河沈淪荆楚所謂往而不反者也**韓詩外傳曰山林之士爲名故往而不能反朝廷之士爲祿故入而不能出**後日當更饋樂以釣由余剋像以求傅說豈不煩哉**史記曰由余其先晉人也亡入戎能晉言戎王聞繆公賢故使由余觀秦秦繆公示以宮室積聚由余曰使鬼爲之則勞神矣使人爲之亦苦人矣繆公退而問內史廖曰孤聞國有聖人敵國之憂也今由余寡人之害將柰何廖曰戎王處僻未聞中國之聲君試遺以女樂以奪其志爲由余請以疏其間留而莫遣以失其期戎王怪之必疑由余君臣有間乃可慮也乃令內史廖以女樂二八遺戎王戎王受而說之由余數諫不聽繆公又數使人間要由余由余遂去降秦**臣愚以爲可**

推錄所在召該令還楚人止孫卿之去國劉向孫卿子後序所論孫卿事曰卿名況趙人也楚相春申君以爲蘭陵令或謂春申君曰湯以七十里文王以百里孫卿賢者今與之百里地楚其危乎春申君謝之孫卿去之趙後客或謂春申君曰伊尹去夏入殷殷王而夏亡管仲去魯入齊魯弱而齊强故賢者所在君尊國安今孫卿天下賢人所去之國其不安乎春申君使人聘孫卿乃還復爲蘭陵令**漢朝追匡衡於平原**前書匡衡爲平原文學長安令

楊興薦之於車騎將軍史高曰衡材智有餘經學絕倫但以無階朝廷故隨牒在遠方將軍試召置幕府貢之朝廷必爲國器高然其言辟衡爲議曹吏薦衡於帝帝以爲郎中尊儒貴學惜失賢也書奏詔卽徵還拜議郎呂壽終

建武中鄭興陳元傳春秋左氏學時尚書令韓歆上疏欲爲左氏立博士范升與歆爭之未決陳元上書訟左氏遂以魏郡李封爲左氏博士後羣儒蔽固者數廷爭之及封卒光武重違眾議而因不復補

許慎字叔重汝南召陵人也性淳篤少博學經籍馬融常推敬之時人爲之語曰五經無雙許叔重爲郡功曹舉孝廉再遷除洨長卒于家洨音侯交反初慎以五經傳說臧否不同於是撰爲五經異義又作說文解字十四篇皆傳於世

蔡玄字叔陵汝南南頓人也學通五經門徒常千人其著錄者萬六千人徵辟並不就順帝特詔徵拜議郎講論五經異同甚合帝

意遷侍中出爲弘農太守卒官

論曰自光武中年吕後干戈稍戢專事經學自是其風世篤焉其服儒衣稱先王（儒服爲章甫之冠縫掖之衣也禮記曰言必則古昔稱先王）遊庠序聚橫（橫又作黌）塾者葢布之於邦域矣若迺經生所處不遠萬里之路（經生謂博士也就之者不以萬里爲遠而至也）精廬暫建贏糧動有千百（精廬講讀之舍贏擔負也）其耆名高義開門受徒者編牒不下萬人皆專相傳祖莫或訛雜至有分爭王庭樹朋私里繁其章條穿求崖穴吕合一家之說故揚雄曰今之學者非獨爲之華藻又從而繡其鞶帨（揚雄法言之文也喻學者文繁碎也鞶帶也字或作磐說文曰磐覆衣巾也音盤帨佩巾也音稅）夫書理無二義歸有宗而碩學之徒莫之或從（無二專一也）故通人鄙其固焉又雄所謂譊譊之學各習其師也（亦法言之文也譊譊喧也音奴交反）且觀成名高第終能遠至者葢亦寡焉而迂滯若是矣然所談者仁義所傳者聖法也故人識君臣父子之綱家知違邪歸正之路自桓靈之間君道秕僻（秕穀不成也以喻政化之）

惡也朝綱日陵國隙屢啟陵陵遲也自中智㠯下靡不審其崩離而權彊之臣息其闚盜之謀謂閻忠勸皇甫嵩令推亡漢而自立嵩不從其言豪俊之夫屈於鄙生之議者謂董卓欲大起兵鄭泰止之卓從其言人誦先王言也下畏逆順埶也言政化雖壞而朝久不傾危者以經籍道行下人懼逆順之埶至如張溫皇甫嵩之徒功定天下之半聲馳四海之表俯仰顧眄則天業可移猶鞠躬昏主之下狼狽折札之命散成兵就繩約而無悔心昏主謂獻帝也札簡也折簡而召言不勞重命也繩約猶拘制也謂溫及嵩並被徵而就拘制也曁乎剝橈自極人神數盡易大過曰棟橈凶橈折也極終也言漢祚自終人神之數盡橈音女教反然後羣英乘其運世德終其祚羣英謂袁術曹操之屬代德終其祚謂曹丕即位廢獻帝為山陽公自廢至薨十四年以壽終跡衰敝之所由致而能多歷年所者斯豈非學之效乎跡猶尋也言由行儒學故能長久也故先師垂典文褒勵學者之功篤矣不循春秋至迺比於殺逆其將有意乎史記曰為人君父而不通春秋之義者必蒙首惡之名為人臣子而不通春秋之義者必陷簒弒誅死之罪也

贊曰斯文未陵亦各有承論語孔子曰天之將喪斯文也言斯文未陵遲故學者分門各自承襲其家業也塗分流別

專門竝興精疏殊會通閡相徵千載不作淵源誰澂說經者各自是其一家或精或疏或通或閡去聖既久莫知是非若千載一聖不復作起則泉源混濁誰能澂之

儒林傳第六十九下

後漢書七十九下

文苑列傳第七十上

唐章懷太子賢注

杜篤字季雅京兆杜陵人也高祖延年宣帝時爲御史大夫〔前書延年字幼公周之子也爲御史大夫延年居父官府不敢當舊位臥坐皆易其處也〕篤少博學不修小節不爲鄉人所禮居美陽與美陽令游數從請託不諧頗相恨令怒收篤送京師會大司馬吳漢薨光武詔諸儒誄之篤於獄中爲誄辭最高帝美之賜帛免刑篤以關中表裏山河先帝舊京不宜改營洛邑迺上奏論都賦曰臣聞知而復知是爲重知〔韓詩外傳曰知者知其所知乃爲知矣〕臣所欲言陛下已知故略其梗概〔梗概猶粗略也〕不敢具陳昔般庚去奢行儉於亳〔帝王紀曰般庚以耿在河北迫近山川自祖辛以來奢淫不絕般庚乃南渡河徙都於亳人咨嗟相怨不欲徙乃作書三篇以告之〕成周之隆迺即中洛〔周成王就土中都洛陽也〕遭時制都不常厥邑〔尚書曰不常厥邑于今五遷〕賢聖之慮蓋有優劣霸王之姿明知相絕守國之埶同歸異術或棄去阻阸務處平易〔淮南子曰武王克殷欲築宮於五行之山周公

曰不可夫五行之山固塞嶮阻之地使我德能覆之則天下納其貢職者固矣使我有暴亂之行則天下之伐我難也高誘注云明周公恃惡不恃險也或據山帶河并吞六國謂秦也或富貴思歸不顧見襲或掩空擊虛自蜀漢出韓生勸項羽都關中羽曰富貴不歸故鄉如衣錦夜行乃歸都彭城而高祖自蜀漢出襲擊之也見前書即日車駕策由卒前書戍卒婁敬說高祖都關中即日車駕西都長安或知而不從久都墝埆謂光武久都洛陽也墝埆薄地也前書張良曰洛陽田地薄四面受敵墝音古交反埆音古角反臣不敢有所據竊見司馬相如楊子雲作辭賦以諷主上臣誠慕之伏作書一篇名曰論都謹并封奏如左皇帝以建武十八年二月甲辰升輿洛邑巡于西嶽光武紀曰甲寅西巡狩推天時順斗極楊雄長楊賦曰順斗極運天關極北極星也言順斗建及北極之星運轉而行也排閶闔入函谷閶闔天門也函谷故關在今洛州新安縣也觀阸於崤黽圖險於隴蜀圖猶規度也其三月丁酉行至長安經營宮室傷愍舊京即詔京兆迺命扶風齋肅致敬告覲園陵悽然有懷祖之思懷思也喟然以思諸夏之隆喟歎聲遂天旋雲游造舟於渭北杭涇流爾雅曰天子造舟造並也以舟相並而濟也杭舟度也音胡郎反方言關而東或謂舟為杭說文杭字在方部今流俗不解遂與杭字相亂者誤也千乘方轂萬騎駢羅衍陳於岐梁東橫

乎大河衍布也橫絕流度也楚辭曰橫大江兮揚舲也瘞后土瘞埋也謂埋牲幣也爾雅曰祭地曰瘞埋后土祠在今蒲州汾陰縣北也禮邠郊甘泉祭天所也在邠地之郊其歲四月反於洛都明年有詔復函谷關作大駕宮大駕見儒林傳大駕宮即天子行幸也六王邸高車廄於長安修理東都城門長安外城門東面北頭第一門也橋涇渭往往繕離觀東臨霸滻西望昆明北登長平長平坂名也在池陽宮南也規龍首撫未央覗平樂儀建章龍首山名蕭何於其上作未央宮撫巡也或云撫亦模其字從木覗視也音麥平樂觀名建章宮名並在城西謂光武規模而修理也是時山東翕然狐疑意聖朝之西都懼關門之反拒也恐西都置關所以拒外山東也客有為篤言彼埳井之潢汙固不容夫吞舟埳井也小也莊子曰埳井之蛙潢汙渟水也吞舟大魚也賈誼曰彼尋常之汙瀆豈容夫吞舟之魚且洛邑之渟瀯曷足㠯居乎萬乘哉楊雄甘泉賦曰梁弱水之淵瀯淵瀯小貌也渟音天鼎反瀯音烏迥反咸陽守國利器不可久虛㠯示姦萌老之曰國之利器不可以示人篤未甚然其言也故因為述大漢之崇崇高盛也世據廱州之利而今國家未暇之故㠯喻客意曉喻也曰昔在强秦爰初開畔畔疆界也霸自岐廱國富人衍卒㠯并兼桀虐作亂衍饒也音以戰反桀虐如桀之無道也天命有聖託之大漢大

漢開基高祖有勳斬白蛇屯黑雲 前書高祖斬大蛇有一老嫗夜哭曰吾子白帝子今赤帝子斬之故曰白蛇又呂后曰季所居上常有雲氣 聚五星於東井提干將而呵暴秦 高祖初至霸上五星聚東井干將劒名也高祖曰吾提三尺劒取天下 蹈

滄海跨崑崙 楊雄長楊賦曰橫巨海乘崑崙此言蹈跨喻遠大也 奮彗光埽項軍 彗星者所以除舊布新也故曰埽 遂濟

人難蕩滌於泗沂 項羽都彭城泗水沂水近彭城地也蕩滌謂誅之也 劉敬建策初都長安 解見班固傳 太

宗承流守之已文 太宗文帝也繼體之君以文德守之 躬履節儉側身行仁食不二味衣

無異采賑人已農桑率下已約己曼麗之容不悅於目鄭衛之聲

不過於耳 曼美也 佞邪之臣不列於朝巧僞之物不鬻於市 禮記曰用器不中度不鬻於市布帛精麤不中數廣狹不中量不鬻於市姦色亂正色不鬻於市 故能理升平而刑幾措富衍於孝景功傳

於後嗣 前書曰景帝時太倉之粟紅腐而不可食都內之錢貫朽而不可校也 是時孝武因其餘財府帑之蓄始

有鉤深圖遠之意探冒頓之罪 前書曰冒頓殺其父頭曼單于又爲書使遺高后曰孤僨之君生於沮澤之中長於平野牛馬之域數至邊境願遊中國陛下獨立孤僨獨居兩主不樂無以自娛願以所有易其所無 校平城之讐 校報也冒頓單于圍高祖於平城七日故報之也 遂命

票騎 票騎將軍霍去病也 勤任衛青 青爲大將軍霍去病舅也 勇惟鷹揚軍如流星 毛詩曰時惟鷹揚注云如鷹之飛揚

也長楊賦曰疾如奔星深之匈奴割裂王庭匈奴王庭也長楊賦曰遂獵乎王庭席卷漠北叩勒祁連漠沙漠也祁連匈奴中山名也叩擊也勒謂銜勒也橫分單于屠裂百蠻百蠻夷狄之總稱也燒罽帳罽毛布也繫閼氏單于妻號也燔康居灰珍奇康居西域國也居音渠椎鳴鏑前書曰冒頓作鳴鏑今之髐箭也釘鹿蠡鹿蠡音離匈奴有左右鹿蠡王前書作谷蠡馳阬岸獲昆彌昆彌西域國也虜儌侲方言侲養馬人也字書侲音眞字書無儌字諸家並音儌侲爲粟牘西域國名也傳讀如此不知所出今有肅特國恐是也驅騾驢馭宛馬大宛國名出汗血馬鞭駃騠駿馬也駃音決騠音蹄生七日而超其母也拓地萬里威震八荒肇置四郡據守敦煌四郡謂酒泉武威張掖敦煌也并域屬國一郡領方并西域以屬國都尉主之以敦煌一郡部領西方也立候隅北建護西羌楊雄解嘲曰西北一候孟康注云敦煌玉門關候也置護羌校尉以主西羌捶驅氏僰寥狼卭莋捶擊也寥狼猶擊擾也氏僰卭莋並西南夷號東攡烏桓蹂轔濊貊字書攡亦攡字也音靡方言云靡滅也蹂踐也轔轢也音吝濊貊東夷號也南羈鉤町水劒強越羈係也鉤町西南夷也水劒謂戈船將軍等下水誅南越也鉤町音劬挺殘夷文身海波沫血穀梁傳曰越人被髮文身沫血水沫如血郡縣日南漂槩朱崖武帝元鼎六年平南越以爲南海蒼梧鬱林合浦交阯九眞日南朱崖儋耳九郡漂槩謂摩近之也前書音義曰珠崖言珠若崖也此作朱古字通茂陵書曰珠崖郡都郞瞫去長安七千三百里瞫音審部尉東南兼有黃支楊雄解嘲曰東南一尉孟康注云會稽東部都尉也前書自都盧國船行可二月餘有黃支國俗與珠崖相類也連緩耳瑣

雕題緩耳耳下垂即儋耳也禮記曰南方曰蠻雕題交阯鄭玄注曰謂刻其身以丹青涅之也王逸注楚詞曰雕畫也題額也摧天督即天竺國也牽象犀椎蜯蛤碎瑠璃甲瑇瑁戕觜觿郭義恭廣志曰瑇瑁形似龜出南海甲謂取其甲也戕殘也觜觿大龜亦瑇瑁之屬觜音子期反觿音以規反於是同穴裘褐之域同穴挹婁之屬也衣裘褐北狄也共川鼻飲之國前書賈捐之曰駱越之俗父子同川而浴相習以鼻飲也莫不袒跣稽顙失氣虜伏稽止也方言曰顙額顙也以額至地而稽止也宋玉高唐賦曰虎豹豺兕失氣恐喙言其恐懼如奴虜之伏也非夫大漢之盛世藉廱土之饒得御外理內之術孰能致功若斯故創業於高祖嗣傳於孝惠德隆於太宗財衍於孝景威盛於聖武政行於宣元侈極於成哀祚缺於孝平傳世十一歷載三百高祖至平帝十一代歷涉也合二百十四年比言三百者謂出二百年涉三百年也德衰而復盈道微而復章謂呂氏亂而文帝立昌邑廢而宣帝中興也皆莫能遷於廱州而背於咸陽宮室寢廟山陵相望高顯弘麗可思可榮羲農已來無茲著明夫廱州本帝皇所已育業周始祖后稷封部公劉居豳大王居酆武王居鎬並在關中故曰育業也霸王所已衍功戰士角難之場也衍廣也秦都關中也禹貢所載厥田惟上尚書廱州厥田上上沃野千里原隰彌望保殖五穀桑麻條暢

濵據南山帶㠯涇渭號曰陸海蠢生萬類濵近也前書東方朔曰漢都涇渭之南此謂天下陸海之地楩柟檀柘蔬果成實畎瀆潤淤水泉灌溉說文曰淤澱滓也顧野王曰今水中泥草也漸澤成川粳稻陶遂薛君注韓詩曰陶暢也爾雅曰遂生也厥土之膏畝價一金前書東方朔曰酆鎬之間號爲土膏其價畝一金一金一斤金也田田相如鐇钁株林相如言地皆沃美相類也廣雅曰鐇推也音甫袁反埤蒼云鐇鏟也謂以鏟钁去林木之株蘖也火耕流種功淺得深以火燒所伐林株引水溉之而布種也既有蓄積阸塞四臨西被隴蜀南通漢中北據谷口東阻嶔巖谷口在今雲陽縣穀梁傳秦襲鄭蹇叔送其子而戒之曰汝必死於崤之巖唫之下嶔巖謂崤也嶔音吟關函守嶢山東道窮函函谷關也嶢謂嶢山之關也在藍田南故武關之西嶢音堯置列汧隴廱偃西戎廱音擁拒守褒斜領南不通杜口絶津朔方無從杜塞谷口絶黃河之津鴻渭之流徑入于河大船萬艘轉漕相過東綜滄海西綱流沙朔南暨聲諸夏是和尚書曰朔南暨聲敎注云朔北方也城池百尺阸塞要害關梁之險多所衿帶衿帶衣服之要故以喻之一卒舉礧千夫沉滯礧石也前書匈奴乘隅下礧石音力對反一人奮戟三軍沮敗淮南子曰狹路津關大山石塞龍蛇蟠簦笠居羊腸道魚笱門一人守險千人弗敢過也地埶便利介冑剽悍可與守近利㠯攻遠剽急疾也悍勇也所據險要故

可守近士卒勇疾故可攻遠也士卒易保人不肉袒左傳鄭伯肉袒牽羊以降楚言關中士卒易與保守不降下也肇有十二是爲贍腴尚書曰肇十有二州謂雍梁荆徐揚青兖冀幽幽并營也雍州田第一故曰贍腴今流俗以地之良沃者爲贍也用霸則兼幷謂秦并六國也先據則功殊高祖先入關功爲諸侯最也修文則財衍行武則士要修文德則財産富衍若用武則士皆奮勵而要功也爲政則化上篡逆則難誅地險固故難誅也進攻則百剋退守則有餘斯固帝王之淵囿而守國之利器也逮及亾新時漢之衰偷忍淵囿篡器慢違偷忍猶盜竊也淵囿謂秦中也徒以埶便莫能卒危卒音倉忽反假之十八誅自京師莽居攝篡位十八年公賓就始斬之也天畀更始不能引維畀與也言更始不能持其綱維故致敗亡慢藏招寇復致赤眉易曰慢藏誨盜又曰負且乘致寇至言更始爲赤眉所破也海內雲擾諸夏滅微群龍竝戰未知是非赤伏符曰四夷雲擾龍鬭于野易曰龍戰于野謂更始敗後劉永張步等重起未知受命者爲誰也于時聖帝赫然申威荷天人之符兼不世之姿聖帝光武也天人符謂彊華自關中持赤伏符也前書王吉上疏曰欲化之主不代出言有時間出難常遇也受命於皇上獲助於靈祇皇上謂天也尚書曰惟皇上帝降衷於下人靈祇謂滹沱冰及白衣老父等也立號高邑搴旗四麾搴拔也肖策之臣運籌出奇前書高祖曰運籌帷幄之中決勝千里之外子房是也出奇謂陳平從高祖定天下凡六出奇計以比鄧禹馮異吳

漢耿弇等也虓怒之旅如虎如螭詩闕如虓虎注云虎之怒虓然也史記周武王誓衆曰如虎如羆如豺如螭杜預注左傳曰螭山神獸形也虓音呼交反師之攸向無不靡披蓋夫燔魚剸蛇莫之方斯尚書今文泰誓篇曰太子發升舟中流白魚入於王舟王跪取出以燎群公咸曰休哉鄭玄注云燔魚以祭變禮也剸割也音之兗反謂高祖斬蛇也大呼山東響動流沙要龍淵首鏌鋣龍淵劍解見韓稜傳說文鏌鋣大戟也音莫邪首謂建之於首也吳越春秋有莫邪劍義與此不同也命騰太白親發狼弧騰馳也太白天之將軍狼弧並星名也史記曰天苑東有大星曰天狼下有四星曰弧宋均注演孔圖曰狼爲對將用兵象也合誠圖曰弧主司兵兵弩象也南禽公孫北背強胡西平隴冀東據洛都迺廓平帝宇濟蒸人於塗炭成兆庶之亹亹遂興復乎大漢爾雅曰亹亹勉也易曰成天下之亹亹今天下新定矢石之勤始瘳瘳差也而主上方以邊垂爲憂忿葭萌之不柔楊子雲長楊賦曰遐萌爲之不安謂遠人也案篤此賦每取子雲甘泉長楊賦事意此葭即遐也時蜀郡守將史歆及交阯徵側反盧芳亡入匈奴故云忿其不柔也未遑於論都而遺思雝州也遺猶留也方躬勞聖思以率海內厲撫名將略地疆外信威於征伐展武乎荒裔信讀曰申若夫文身鼻飲緩耳之主椎結左衽鐻鍝之君結音髻前書尉佗椎結箕踞注云如今兵士椎頭髻也孔子曰微管仲吾其被髮左衽矣鐻音渠呂反山海經曰神武羅穿耳以鐻郭璞注云金銀器之名未詳形制鍝音牛于反埤蒼曰鍝鋸也案今夷狄好穿耳以

垂金寶等此並謂夷狄之君長也東南殊俗不羈之國西北絶域難制之鄰靡不重譯納貢請爲藩臣上猶謙讓而不伐勤前書司馬相如曰上猶謙讓而未俞也意㠯爲獲無用之虜不如安有益之民略荒裔之地不如保殖五穀之淵左傳曰吾將略地焉略取也遠救於已亾不若近而存存也易曰成性存存也今國家躬修道德吐惠含仁湛恩沾洽時風顯宣前書司馬相如難蜀父老曰湛恩汪濊湛音沈易通卦驗曰巽氣退則時風不至萬物不成冬至廣莫風至立春條風至春分明庶風至立夏淸明風至夏至景風至立秋涼風至秋分閶闔風至立冬不周風至也徒垂意於持平守實務在愛育元元苟有便於王政者聖主納焉何則物罔挹而不損道無隆而不移陽盛則運陰滿則虧淮南子曰孔子觀桓公之廟有器焉謂之宥坐孔子曰善哉乎得見此器顧曰弟子取水水至灌之其中則正其盈則覆孔子遽然革容曰善哉持盈者乎子貢在側曰請問持盈曰挹而損之曰何謂挹而損之曰夫物盛而衰樂極而悲日中而移月盈而虧是故聰明叡智守之以愚多聞博辯守之以儉武力毅勇守之以畏富貴廣大守之以陋德施天下守之以讓此五者先王所以守天下而弗失也故存不忘亾安不諱危雖有仁義猶設城池也易曰君子存不忘亾安不忘危客㠯利器不可久虛而國家亦不忘乎西都何必去洛邑之渟瀯與篤後仕郡文學掾㠯目疾二十餘年不

闚京師篤之外高祖破羌將軍辛武賢以武略稱前書武賢狄道人爲破羌將軍以勇武稱左將軍慶忌之父篤常歎曰杜氏文明善政而篤不任爲吏謂杜周及延年並以文法著名也辛氏秉義經武而篤又怯於事外內五世至篤衰矣女弟適扶風馬氏建初三年車騎將軍馬防擊西羌請篤爲從事中郎戰沒於射姑山所著賦誄弔書讚七言女誡及雜文凡十八篇又著明世論十五篇子碩豪俠以貨殖聞

王隆字文山馮翊雲陽人也王莽時以父任爲郎後避難河西爲竇融左護軍建武中爲新汲令新汲縣屬潁川郡故城在今許州扶溝縣西能文章所著詩賦銘書凡二十六篇初王莽末沛國史岑子孝亦以文章顯莽以爲謁者著頌誄復神說疾凡四篇岑一字孝山著出師頌

夏恭字敬公梁國蒙人也習韓詩孟氏易講授門徒常千餘人王莽末盜賊從横攻没郡縣恭以恩信爲衆所附擁兵固守獨安全

光武即位，嘉其忠果，召拜郎中，再遷太山都尉，和集百姓，甚得其歡心。恭善為文，著賦、頌、詩、勵學凡二十篇。四十九卒官，諸儒共諡曰宣明君。子牙，少習家業，著賦、頌、讚、誄凡四十篇。舉孝廉，早卒，鄉人號曰文德先生。

傅毅字武仲，扶風茂陵人也。少博學。永平中，於平陵習章句，因作迪志詩曰：咨爾庶士，迨時斯勗。迨，及也。勗，勉也。日月逾邁，豈云旋復。尚書曰：「日月逾邁。」逾，過。邁，行。言日月之過往，不可復還也。哀我經營，旅力靡及。旅，陳也。言已欲經營仁義之道，然非陳力之所能及也。在茲弱冠，靡所庶立。禮記曰：「二十曰弱冠。」言已在弱冠之歲，無所庶幾成立也。於赫我祖，顯於殷國。謂傅說也。二迹阿衡，克光其則。阿，倚。衡，平也。言依倚之以取平也。謂伊尹也。高祖命傅說曰：「爾尚明保予，俾阿衡專美有商。」故曰二迹也。言傅說功比伊尹，而能光大其法則也。武丁興商，伊宗皇士。武丁，殷王高宗也。伊，惟。宗，尊也。詩曰：「思皇多士。」皇，美也。言武丁所以能興殷者，惟尊皇美之士，謂傅說。爰作股肱，萬邦是紀。奕世載德，迄我顯考。易曰積德。載，重也。保膺淑懿，纘修其道。纘，繼也。漢之中葉，俊乂式序。秩彼殷宗，光此勳緒。中葉謂宣帝中興。秩，序也。言漢代序殷高宗用傅說之事，光大其勳功，而用其緒胄也。謂傅介子以軍功封義陽侯傅喜論議正直爲大司馬封高武侯傅晏爲孔鄉侯傅商爲汝昌侯建武中傅俊爲昆陽侯也伊余小子穢陋靡逮懼我世烈自茲㠯墜誰能革濁淸我濯溉毛詩曰誰能執熱逝不以濯此言誰能革易我之濁而以清泉洗濯我也誰能昭闇啓我童昧先人有訓我訊我誥訓我嘉務誨我博學蒙卒朋友尋此舊則契闊夙夜庶不懈忒詩云與子契闊契闊謂辛苦也懈怠也忒差也秩秩大猷紀綱庶式匪勤匪昭匪壹匪測詩大雅曰秩秩大猷聖人謨之秩秩美也猷道也庶衆也式法也言美哉乎大道可以綱紀衆法若不勤勵則不能昭明其道不專一則不能深測農夫不怠越有黍稷尚書曰若農服田力穡乃亦有秋惰農自安乃其罔有黍稷也誰能云作考之居息考成也言誰能有所作而居息閑暇可能成者言必須勤之也二事敗業多疾我力二事謂事不專一也疾害也言爲事不專則多害其力也如彼遵衢則罔所極遵循也如循長路則不知所終極也二志靡成聿勞我心如彼兼聽則溷於音聿辭也溷亂也志不專一徒煩勞於我心兼聽衆聲則音亂於戲君子無恒自逸徂年如流鮮茲暇日人當自勉修德義專志勤學不可自放逸年之過往如流言其速也少有閑暇之日也行邁屢稅胡能有迄行邁之人屢稅駕停止何能有所至也言當自勗不可中廢也密勿朝夕聿同始卒毛詩曰密勿從事密勿黽勉也聿循也卒終也言朝夕黽勉終始如一也

毅㠯顯宗求賢不篤士多隱處故作七激㠯爲諷建初中肅宗博

召文學之士吕毅爲蘭臺令史拜郎中與班固賈逵共典校書毅追美孝明皇帝功德最盛而廟頌未立迺依清廟作顯宗頌十篇奏之清廟詩周頌篇名序文王之德也由是文雅顯於朝廷車騎將軍馬防外戚尊重請毅爲軍司馬待吕師友之禮及馬氏敗免官歸永元元年車騎將軍竇憲復請毅爲主記室崔駰爲主簿及憲遷大將軍復吕毅爲司馬班固爲中護軍憲府文章之盛冠於當世毅早卒著詩賦誄頌祝文七激連珠凡二十八篇

黃香字文彊江夏安陸人也年九歲失母思慕憔悴殆不免喪免喪終喪鄉人稱其至孝年十二太守劉護聞而召之署門下孝子甚見愛敬香家貧內無僕妾躬執苦勤盡心奉養遂博學經典究精通術能文章京師號曰天下無雙江夏黃童初除郎中元和元年肅宗詔香詣東觀讀所未嘗見書香後告休及歸京師時千乘王冠千乘貞王

（伉，章帝子也。冠謂二十加冠也。）帝會中山邸，迺詔香殿下，顧謂諸王曰：「此天下無雙江夏黃童者也。」左右莫不改觀。後召詣安福殿言政事，拜尚書郎，數陳得失，賞賚增加。嘗獨止宿臺上，晝夜不離省闥，帝聞善之。永元四年，拜左丞，功滿當遷，和帝留，增秩。六年，累遷尚書令。後以為東郡太守，香上疏讓曰：「臣江淮孤賤，愚矇小生，經學行能，無可算錄。遭值太平，先人餘福，（謝承書香代為冠族，葉令況之子也。）得以弱冠特蒙徵用，連偕累任，遂極臺閣。訖無纖介稱報，恩效死誠。不意悟卒被非望，顯拜近郡尊位千里。臣聞量能授官，則職無廢事；因勞施爵，則賢愚得宜。臣香小醜，少為諸生，典郡從政，固非所堪，誠恐矇頓，孤忝聖恩。又惟機密端首，至為尊要，（謂尚書令。）復非臣香所當久奉。承詔驚惶，不知所裁。臣香年在方剛，適可驅使，（論語曰：「及其壯也，血氣方剛。」言少壯也。）願乞餘恩，留備冗官，賜以督責小職，任之宮臺煩事，以畢臣香螻蟻小志，誠瞑目至願，土灰極榮帝亦惜香幹用久習舊事復留爲尚書令增秩二千石賜錢三十萬是後遂管樞機甚見親重而香亦祗勤物務憂公如家十二年東平淸河奏訞言卿仲遼等所連及且千人香料別據奏全活甚眾每郡國疑罪輒務求輕科愛惜人命每存憂濟又曉習邊事均量軍政皆得事宜帝知其精勤數加恩賞疾病存問賜醫藥在位多所薦達寵遇甚盛議者譏其過倖延光元年遷魏郡太守郡舊有內外園田常與人分種收穀歲數千斛香曰田令商者不農王制仕者不耕（王制曰上農夫食九人下士視上農夫祿足以代耕也）伐冰食祿之人不與百姓爭利（伐冰解見馮衍傳）迺悉㠯賦人課令耕種時被水年飢迺分奉祿及所得賞賜班贍貧者於是豐富之家各出義穀助官稟貸荒民獲全後坐水潦事免數月卒於家所著賦牋奏書令凡五篇子瓊自有傳

劉毅北海敬王子也初封平望侯（平望縣屬北海郡）永元中坐事奪爵毅少有文辯稱元初元年上漢德論并憲論十二篇時劉珍鄧耽尹兌馬融共上書稱其美安帝嘉之賜錢三萬拜議郎

李尤字伯仁廣漢雒人也少以文章顯和帝時侍中賈逵薦尤有相如楊雄之風召詣東觀受詔作賦拜蘭臺令史稍遷安帝時爲諫議大夫受詔與謁者僕射劉珍等俱撰漢記後帝廢太子爲濟陰王尤上書諫爭順帝立遷樂安相年八十三卒所著詩賦銘誄頌七歎哀典凡二十八篇尤同郡李勝亦有文才爲東觀郎著詩誄頌論數十篇

蘇順字孝山京兆霸陵人也和帝間以才學見稱好養生術隱處求道晚迺仕拜郎中卒於官所著賦論誄哀辭雜文凡十六篇時三輔多士扶風曹衆伯師亦有才學著誄書論四篇（三輔決錄注曰衆與鄉里蘇孺文賓）

（伯向馬季長並遊宦雖累不遇以壽終于家）又有曹朔不知何許人作漢頌四篇

劉珍字秋孫（諸本時有作祕孫者其人名珍與祕義相扶而作秋者多也）一名寶南陽蔡陽人也少好學永初中為謁者僕射鄧太后詔使與校書劉騊駼馬融及五經博士校定東觀五經諸子傳記百家藝術整齊脫誤是正文字永寧元年太后又詔珍與騊駼作建武已來名臣傳遷侍中越騎校尉延光四年拜宗正明年轉衛尉卒官著誄頌連珠凡七篇又撰釋名三十篇以辯萬物之稱號云

葛龔字元甫梁國寧陵人也和帝時以善文記知名（龔善為文奏或有請龔奏以干人者龔為作之其人寫之忘自載其名因并寫龔名以進之故時人為之語曰作奏雖工宜去葛龔事見笑林）性慷慨壯烈勇力過人安帝永初中舉孝廉為大官丞上便宜四事拜蕩陰令（蕩陰縣名今相州縣也蕩音湯）辟太尉府病不就州舉茂才為臨汾令居二縣皆有稱績著文賦碑誄書記凡二十篇

王逸字叔師南郡宜城人也元初中舉上計吏爲校書郎順帝時爲侍中著楚辭章句行於世其賦誄書論及雜文凡二十一篇又作漢詩百二十三篇子延壽字文考有儁才少遊魯國作靈光殿賦後蔡邕亦造此賦未成及見延壽所爲甚奇之遂輟翰而已曾有異夢意惡之迺作夢賦以自厲後溺水死時年二十餘張華博物志曰王子山與父叔師到泰山從鮑子眞學算到魯賦靈光殿歸度湘水溺死文考一字子山也

崔琦字子瑋涿郡安平人濟北相瑗之宗也少遊學京師以文章博通稱初舉孝廉爲郎河南尹梁冀聞其才請與交冀行多不軌軌法也琦數引古今成敗以戒之冀不能受迺作外戚箴其辭曰赫赫外戚華寵煌煌昔在帝舜德隆英皇帝舜妃娥皇女英帝堯之女聰明貞仁事舜於畎畝之中事瞽叟謙讓恭敬思盡婦道也周興三母列女傳曰太姜者太王之妃賢而有色生太伯仲雝王季化導三子皆成賢德太王有事必諮謀焉太姙者王季之妃端懿誠莊惟德之行及其有身目不視惡色耳不聽惡聲而生文王太姒者文王之妃號曰文母思媚太姜太姙旦夕勤勞以進婦道文王理外文母理內生十男也有莘崇湯列女傳曰湯娶有莘氏女德高而明

伊尹爲之媵臣佐湯致王訓正後宮嬪御有序咸無嫉妒也宣王晏起姜后脫簪列女傳曰周宣王嘗夜臥而晏起姜后乃脫簪珥待罪於永巷使其傅母通言王曰妾不才妾之淫心見矣至使君王失禮而晏朝以見君王樂色而忘德也敢請婢子之罪王乃勤於政早朝晏罷卒成中興焉齊桓好樂衛姬不音列女傳曰齊桓公好淫樂衛姬不聽鄭衛之音皆輔主以禮扶君以仁達才進善以義濟身爰暨末葉漸已頹虧貫魚不敘九御差池易曰貫魚以宮人寵謂王者之御宮人如貫魚之有次敘不偏愛也禮后夫人已下進御之法云凡天下進御之儀從后而下十五日徧自下始以象月之初生漸進至盛法陰道之義也其法九嬪以下皆九九而御則女御八十一人爲九夕世婦二十七人爲三夕九嬪爲一夕夫人爲一夕凡十四夕后當一夕故曰十五夕一徧也晉國之難禍起於麗獻公麗姬也惟家之索牝雞之晨尚書曰牝雞無晨牝雞之晨惟家之索孔安國注云索盡也雌代雄鳴則家盡婦奪夫政則國亡也專權擅愛顯己蔽人陵長間舊圯剝至親左傳曰少陵長新間舊言其亂政也圯毀也竝后匹嫡左傳曰辛伯諗周桓公曰並后匹嫡亂之本也淫女斃陳陳夏姬通於孔寧儀行父又通於靈公夏姬之子徵舒殺靈公楚伐陳滅之見左傳匪賢是上番爲司徒詩小雅也番幽王之后親黨也幽王淫色不尚賢德之人寵其后親而以番爲司徒之官荷爵負乘采食名都易曰負且乘負也者小人之事也乘也者君子之器也以小人而乘君子之器寇必至矣毛詩曰皇父孔聖作都于向皇父幽王后之親黨也向邑也以向爲皇父食采邑也詩人是刺德用不憮憮大也音呼謂詩人刺番爲司徒及皇父都向用其后親黨是以其德不大也暴辛惑婦拒諫自孤暴虐也紂字受德名辛以其暴虐故曰暴辛惑婦謂惑妲己也紂智足以拒諫祖伊諫紂紂不從自

（孤謂紂爲獨夫也）蝠蛇其心，縱毒不辜。（字書蝠音福，卽蝙蝠也。此當作蝮，音芳福反。不辜謂菹梅伯、脯鬼侯之類也。）諸父是殺，孕子是剖，天怒地忿，人謀鬼圖，甲子昧爽，身首分離。（王子比干，紂之諸父也，紂殺之。尚書曰紂剖剔孕婦。爲周武王所伐，甲子日紂衣其寶衣赴火而死，武王乃斬以輕呂之劍也。）初爲天子，後爲人螭。（左傳曰螭魅魍魎。杜預注云：螭，山神，獸形。故以比紂之惡也。）非但耽色，母后尤然。不相率以禮，而競獎以權，先笑後號，卒以辱殘。（母后不能循用禮法，爭競相勸以擅權柄也。易曰：旅人先笑而後號咷。言初雖恃權埶而笑，後競罹禍而號哭也。）家國泯絶，宗廟燒燔。末嬉喪夏，（末嬉，桀妃，有施氏女，美於色，薄於德，女子行丈夫心。桀嘗置末嬉於膝上，聽用其言，昏亂失道，湯伐之，遂死於南巢。見列女傳。）褒姒斃周，（周幽王嬖褒姒，爲犬戎所殺也。）妲己亾殷，趙靈沙丘。（趙武靈王以長子章爲太子，後得吳娃，愛之，生子何，乃廢章而立何，後自號主父，立何爲王。吳娃死，何愛弛，主父憐章北面臣詘於其弟，欲分趙王章於代，計未決。主父及王遊於沙丘宮，公子章以其徒作亂。公子成與李兌自國起兵，公子章敗，往走主父，王父開之。成、兌因圍主父宮。章死，成、兌謀以章故圍主父，卽解兵，吾屬夷矣，乃遂圍主父。令宮人後出者夷，宮中人悉出。主父欲出不得，飢，探雀鷇而食之，三月餘死沙丘宮。見史記。）戚姬人豕，呂宗以敗。（解見皇后紀。）陳后作巫，卒死於外。（孝武帝陳皇后以巫蠱廢。）霍欲鴆子，身迺罹廢。（孝宣帝霍皇后，霍光之女，欲謀毒太子，被廢也。）故曰：無謂我貴，天將爾摧；無恃常好，色有歇微；無怙常幸，愛有陵遲；無曰我能，天人爾違。患生不德，福有愼機。（無德而貴寵者，患害之所生也。左傳曰無德而祿殃也若愼其機事則有福也日不常中月盈有虧履道者固仗埶者危微臣司戚敢告在斯琦以言不從失意復作白鵠賦以爲風風讀曰諷梁冀見之呼琦問曰百官外內各有司存天下云云豈獨吾人之尤君何激刺之過乎琦對曰昔管仲相齊樂聞譏諫之言蕭何佐漢迺設書過之吏今將軍累世台輔任齊伊公伊尹周公而德政未聞黎元塗炭不能結納貞良以救禍敗反復欲鉗塞士口杜蔽主聽將使玄黃改色馬鹿異形乎史記趙高欲爲亂恐群臣不聽乃先設驗持鹿獻胡亥曰馬也胡亥笑曰丞相誤耶問左右或默或言馬以阿順高或言鹿高因陰中諸言鹿者以法後群臣畏高高遂作亂也冀無以對因遣琦歸後除爲臨濟長不敢之職解印綬去冀遂令刺客陰求殺之客見琦耕於陌上懷書一卷息輒偃而詠之客哀其志以實告琦曰將軍令吾要子今見君賢者情懷忍忍忍忍猶不忍也可亟自逃吾亦於此亡矣琦得脫走冀後竟捕殺之所著賦頌銘誄箴弔論九咨七言凡十五篇

邊韶字孝先陳留浚儀人也以文學知名教授數百人韶口辯曾晝日假臥（左傳趙盾坐而假寐杜注云不脫衣裳而臥也）弟子私嘲之曰邊孝先腹便便（便音蒲堅反）懶讀書但欲眠韶潛聞之應時對曰邊爲姓先爲字腹便便五經笥但欲眠思經事寐與周公通夢靜與孔子同意師而可嘲出何典記嘲者大慙韶之才捷皆此類也桓帝時爲臨潁侯相徵拜太中大夫著作東觀再遷北地太守入拜尚書令後爲陳相卒官著詩頌碑銘書策凡十五篇

文苑列傳第七十上

金陵書局仿汲古閣本刊

後漢書八十上

文苑列傳第七十下　　後漢書八十下

唐章懷太子賢注

張升字彥眞陳留尉氏人富平侯放之孫也放湯六代孫也升少好學多關
覽而任情不羈關涉也不羈謂超絕等倫不可羈束也鄒陽上書曰使不羈之士與牛驥同皁其意相合者則傾身交
結不問窮賤如乖其志好者雖王公大人終不屈從杜預注左傳曰大人謂在位者也
常歎曰死生有命富貴在天其有知我雖胡越可親茍不相識從
物何益前書鄒陽上書曰意合則胡越爲兄弟也仕郡爲綱紀以能出守外黃令吏有受賕者
即論殺之或譏升守領一時何足趨明威戮乎趨急也讀曰促對曰昔仲尼
暫相誅齊之侏儒手足異門而出故能威震強國反其侵地侏儒短人能爲
俳優也穀梁傳曰魯定公與齊侯會于頰谷兩君就壇兩相相揖齊人鼓譟而起欲以執魯君孔子歷階而上不盡一等曰兩君合好夷狄之人何爲來齊侯逡巡而謝曰寡人之過也罷會齊人
使優施舞於魯君之幕下孔子曰笑國君者罪當死使司馬行法焉首足異門而出齊人乃歸魯鄆讙龜陰之田君子仕不爲己職思其憂
詩唐風曰無以太康職思其憂職主也君子之居位當思盡忠不爲己身豈以久近而異其度哉遇黨錮去官後竟

見誅年四十九著賦誄頌碑書凡六十篇

趙壹字元叔漢陽西縣人也體貌魁梧魁梧壯大之貌身長九尺美須豪眉望之甚偉而恃才倨傲爲鄉黨所擯擯斥也後屢抵罪幾至死友人救得免壹迺貽書謝恩曰昔原大夫贖桑下絕氣傳稱其仁原大夫謂趙衰之子盾謚曰宣呂氏春秋曰趙宣孟將之絳見骩桑之下有臥餓人宣孟與脯二朐拜受之不敢食問其故曰臣有母持以遺之宣孟更賜之脯二束遂去贖即續也骩古委字也秦越人還虢太子結脈世著其神扁鵲姓秦名越人過虢虢太子死扁鵲曰臣能生之若太子病所謂尸蹷也乃使弟子子陽厲鍼砥石以取三陽五會有間太子蘇見史記設曩之二人不遭仁遇神則結絕之氣竭矣然而精脯出乎車軨說文軨車轖間橫木鍼石運乎手爪古者以砭石爲鍼凡鍼之法右手象天左手法地彈而怒之搔而下之此運手爪也砭音必廉反今所賴者非直車軨之精脯手爪之鍼石也迺收之於斗極還之於司命禮記曰祭司命鄭玄注云文昌中星也使乾皮復含血枯骨復被肉允所謂遭仁遇神眞所宜傳而著之余畏禁不敢班班顯言班班明貌竊爲窮鳥賦一篇其辭曰有一窮鳥戢翼原野畢網加上機穽在下禮記曰羅網畢翳鄭玄注云小而柄長謂之畢機捕

獸機檻也穽穿地陷獸前見蒼隼後見驅者繳彈張右繳以縷係箭而射者也羿子彀左羿子謂羿也淮南子曰堯時十日並出命羿仰射十日中其九烏皆死墮其羽翼彀引弓也飛丸激矢交集于我思飛不得欲鳴不可舉頭畏觸搖足恐墮內獨怖急乍冰乍火幸賴大賢我矜我憐昔濟我南今振我西西協韻音先鳥也雖頑猶識密恩內以書心外用告天天乎祚賢歸賢永年且公且侯子子孫孫又作刺世疾邪賦以舒其怨憤曰伊五帝之不同禮三王亦又不同樂數極自然變化非是故相反駁禮記曰五帝殊時不相沿樂三王異代不相襲禮樂極則憂禮粗則偏矣德政不能救世溷亂賞罰豈足懲時清濁春秋時禍敗之始戰國愈復增其荼毒尚書曰罹其凶害不忍荼毒孔注云荼毒苦也秦漢無以相踰越迺更加其怨酷寧計生民之命唯利已而自足于茲迄今情偽萬方佞諂日熾剛克消亡舐痔結駟正色徒行莊子曰宋有曹商者為宋王使秦秦王悅之益車百乘見莊子莊子曰秦王有病召醫舐痔者得車五乘子豈舐痔邪何得車之多乎嫗媽名埶撫拍豪彊嫗媽猶傴僂也嫗音衣宇反媽音上矩反撫拍相親狎也偃蹇反俗立致咎殃偃蹇驕敖也捷懾逐物日

富月昌捷疾也懾懼也急懼逐物則致富昌渾然同惑孰溫孰涼邪夫顯進直士幽藏原斯瘼之幽興實執政之匪賢女謁掩其視聽兮近習秉其威權所好則鑽皮出其毛羽所惡則洗垢求其瘢痕雖欲竭誠而盡忠路絕嶮而靡緣九重既不可啟又群吠之狺狺楚辭曰豈不思夫君兮君之門以九重猛犬狺狺以迎吠關梁閉而不通狺音銀安危亾於旦夕肆嗜欲於目前奚異涉海之失柂積薪而待燃柂可以正船也音徒我反前書賈誼曰措火積薪之下而寢於上火未及然而謂之安當今之執何以異此榮納由於閃榆孰知辨其蚩妍閃榆傾佞之貌也行傾佞者則享榮寵而見納用榆音輸故法禁屈撓於埶族恩澤不逮於單門寧飢寒於堯舜之荒歲兮不飽暖於當今之豐年乘理雖死而非亾違義雖生而匪存有秦客者迺為詩曰河清不可俟人命不可延左傳曰俟河之清人壽幾何言人壽促河清遲也順風激靡草富貴者稱賢文籍雖滿腹不如一囊錢伊優北堂上抗髒倚門邊伊優屈曲佞媚之貌抗髒高亢婞直之貌也佞媚者見親故昇堂婞直者見棄故倚門邊髒音葬魯生聞此辭繫而作歌曰秦客魯生皆寓言也埶家多所宜咳唾自成珠被

褐懷金玉蘭蕙化爲芻老子曰被褐懷玉言處卑賤而懷德義也楚辭曰蘭芷變而不芳荃蕙化而爲茅也賢者雖獨悟所困在群愚且各守爾分勿復空馳驅哀哉復哀哉此是命矣夫

光和元年舉郡上計到京師是時司徒袁逢受計計吏數百人皆拜伏庭中莫敢仰視壹獨長揖而已逢望而異之令左右往讓之曰下郡計吏而揖三公何也對曰昔酈食其長揖漢王今揖三公何遽怪哉前書酈食其初見高祖長揖不拜因說高祖高祖引之上坐左傳曰豈不遽止杜預注曰遽畏也逢則斂衽下堂執其手延置上坐因問西方事大悅顧謂坐中曰此人漢陽趙元叔也朝臣莫有過之者吾請爲諸君分坐分坐別坐也坐者皆屬觀旣出往造河南尹羊陟不得見壹以公卿中非陟無足以託名者迺日往到門陟自强許通陟意未許通壹以壹數至門故自勉强許通之尚臥未起壹逕入上堂遂前臨之曰竊伏西州承高風舊矣前書雋不疑見暴勝之曰竊伏海濱承暴公子舊矣舊久也迺今方遇而忽然謂死也奈何命也因舉聲哭門下驚皆奔入滿側陟知其非常人迺起

延與語大奇之謂曰子出矣陟明旦大從車騎奉謁造壹奉謁通名也時諸計吏多盛飾車馬帷幙而壹獨柴車草屏韓詩外傳曰周子高對齊景公曰臣賴君之賜疏食惡肉可得而食駑馬柴車可得而乘柴車弊惡之車也露宿其傍延陟前坐於車下左右莫不歎愕陟遂與言談至熏夕極歡而去執其手曰良璞不剖必有泣血以相明者矣琴操曰卞和得玉璞以獻楚懷王使樂正子占之言非玉以其欺謾斬其一足懷王死子平王立和復抱其璞而獻之平王復以爲欺斬其一足平王死和復獻恐復見斷乃抱其玉而哭荊山之中晝夜不止泣盡繼之以血陟迺與袁逢共稱薦之名動京師士大夫想望其風采及西還道經弘農過候太守皇甫規門者不卽通壹遂遁去門吏懼以白之規聞壹名大驚迺追書謝曰蹉跌不面企德懷風虛心委質爲日久矣側聞仁者愍其區區冀承清誨以釋遥悚今旦外白有一尉兩計吏不道屈尊門下尊謂壹也敬之故號爲尊更啓迺知已去如印綬可投夜豈待旦惟君明叡平其夙心寧當慢慠加於所天平恕也敬壹故謂爲所天事在悖惑不足具責倘可原察追修前好則何福如之謹遣

主簿奉書下筆氣結汗流竟趾壹報曰君學成師範縉紳歸慕仰高希驥歷年滋多（詩曰高山仰止景行行止法言曰希驥之馬亦驥之乘希顏之人亦顏之徒希慕也）旋轅兼道渴於言侍沐浴晨興昧旦守門實望仁兄昭其懸遲（懸心遲仰之）以貴下賤握髮垂接（易曰以貴下賤大得民也史記曰周公一沐三握髮以接天下之士）高可敷翫墳典起發聖意下則抗論當世消弭時災豈悟君子自生怠倦失恂恂善誘之德同亾國驕惰之志（論語曰夫子恂恂然善誘人恂恂恭順貌）蓋見機而作不俟終日（易繫辭曰君子見幾而作不俟終日）是以夙退自引畏使君勞（詩曰大夫夙退無使君勞蓋斷章以取義）昔人或歷說而不遇或思士而無從皆歸之於天不尤於物（歷說謂孔丘也論語孔子曰不怨天不尤人下學而上達知我者其天乎馬融注云孔子不用於時而不怨天人不知己亦不尤人也思士謂孟軻也孟軻欲見魯平公臧倉譖之孟軻曰余之不遇魯侯天也臧氏之子焉能使余不遇哉見孟子）今壹自譴而已豈敢有猜仁君忽一匹夫於德何損而遠辱手筆追路相尋誠足愧也壹之區區曷云量已其嗟可去謝也可食（曷何也言區區之心不量已而至君門禮記曰齊大飢黔敖爲食於路以待餓者有蒙袂輯屨貿貿而來曰嗟來食曰余唯不食嗟來之食於至於斯從而謝之不食而死仲尼曰其嗟也可去其謝也可食）誠則頑薄實識其

趣但關節疢動膝灸壞潰（人有四關十二節）請俟它日迺奉其情輒誦來貺永以自慰遂去不顧州郡爭致禮命十辟公府並不就終於家初袁逢使善相者相壹云仕不過郡吏竟如其言著賦頌箴誄書論及雜文十六篇

劉梁字曼山一名岑東平寧陽人也（寧陽縣故城在今兗州龔丘縣南）梁宗室子孫而少孤貧賣書於市以自資常疾世多利交以邪曲相黨迺著破群論時之覽者以爲仲尼作春秋亂臣知懼（孟子曰孔子成春秋亂臣賊子懼也）今此論之作俗士豈不愧心其文不存又著辯和同之論其辭曰夫事有違而得道有順而失義有愛而爲害有惡而爲美其故何乎蓋明智之所得闇僞之所失也是以君子之於事也無適無莫必考之以義焉（論語曰君子之於天下也無適也無莫也義之與比）得由和興失由同起故以可濟否謂之和好惡不殊謂之同春秋傳曰和如羹焉酸苦以劑其味（左傳劑作齊爾雅曰劑剪齊也）

（音子隨反今人相傳劑音在計反）君子食之以平其心同如水焉若以水濟水誰能食之琴瑟之專一誰能聽之（左傳晏子對齊景公辭也）是以君子之行周而不比和而不同（忠信爲周阿黨爲比）以救過爲正以匡惡爲忠經曰將順其美匡救其惡則上下和睦能相親也昔楚恭王有疾召其大夫曰不穀不德少主社稷（楚恭王名審左傳楚王曰生十年而喪先君故曰少主社稷）失先君之緒覆楚國之師（緒業也謂鄢陵之戰爲晉所敗）不穀之罪也若以宗廟之靈得保首領以歿請爲靈若厲大夫許諸（謚法亂而不損曰靈殺戮不辜曰厲左傳曰大夫擇焉莫對及五命乃許之諸之也）及其卒也子囊曰不然（子囊楚令尹名也）夫事君者從其善不從其過赫赫楚國而君臨之撫正南海訓及諸夏其寵大矣（寵榮也）有是寵也而知其過可不謂恭乎大夫從之（謚法既過能改曰恭案此楚語之文）此違而得道者也及靈王驕淫暴虐無度芋尹申亥從王之欲以殯於乾谿殉之二女此順而失義者也（國語楚靈王子圍爲章華之臺伍舉對曰君爲此臺國人罷焉財用盡焉年穀敗焉數年乃成左傳芋尹申亥申無宇之子也乾谿之役申亥曰吾父再干王命王不誅惠孰大焉乃求王遇諸棘闈以王歸王縊申亥以其二女殉而葬之也）鄢

陵之役晉楚對戰陽穀獻酒子反㠯斃此愛而害之者也淮南子曰楚恭王與晉人戰於鄢陵戰酣恭王傷司馬子反渴而求飲豎陽穀奉酒而進之子反之爲人也嗜酒而甘之不能絕於口遂醉而臥恭王欲復戰使人召子反子反辭以疾王駕而往之入幄中而聞酒臭恭王大怒斬子反以爲戮臧武仲曰孟孫之惡我藥石也季孫之愛我美疢也疢毒滋厚石猶生我此惡而爲美者也武仲臧孫紇也左傳孟孫死臧孫入哭甚哀多涕出其玉曰孟孫之惡子也而哀如是季孫若死其若之何臧孫也季孫之愛我疾疢也孟孫之惡我藥石也美疢不如惡石夫石猶生我疢之美其毒滋多言石能除己疾也孔子曰智之難也有臧武仲之智而不容於魯國抑有由也作而不順施而不恕矣季武子無適子公彌長悼子少武子愛悼子欲立之訪於申豐曰不可訪於臧紇曰飲我酒吾爲子立之季氏飲大夫酒臧紇爲客旣獻臧孫命北面重席新罇絜之召悼子降逆之大夫皆起悼子乃立季氏以公彌爲馬正其後公彌立孟孫羯與其攜臧紇於季氏臧紇奔齊齊侯將與臧紇田臧孫聞之見齊侯與之言伐晉對曰多則多矣抑君似鼠鼠晝伏夜動不穴於寢廟畏人故也今君聞晉之亂而後作焉寍將事之非鼠如何乃不與田注曰紇知齊侯將敗不欲受其邑故以比鼠欲使怒而止也見左傳蓋善其知義譏其違道也夫知而違之僞也不知而失之闇也闇與僞也其患一也患之所在非徒在智之不及又在及而違之者矣故曰智及之仁不能守之雖得之必失之也論語之文夏書曰念茲在茲庶事恕施忠智之謂

矣茲此也念此事也在此身也言行事當常念如在己身也庶衆也言衆事恕己而施行斯可謂忠而有智矣故君子之行動則思義不爲利回不爲義疚左傳曰君子動則思禮行則思義不爲利回不爲義疚杜預注云回邪也疚病也進退周旋唯道是務苟失其道則兄弟不阿苟得其義雖仇讎不廢故解狐蒙祁奚之薦二叔被周公之害左傳曰晉祁奚請老晉侯問嗣焉稱解狐其讎也勃鞮以逆文爲戚勃鞮晉寺人名披左傳晉獻公使寺人披伐公子重耳於蒲披斬其袪及文公歸國呂甥郤芮將焚公宮而殺文公寺人披以呂郤之難告之言初雖逆文公後竟成之也傳瑕以順厲爲敗左傳言鄭厲公爲祭仲所逐後侵鄭及大陵獲鄭大夫傳瑕傳瑕曰苟舍我吾請納子厲公與之盟而赦之傳瑕殺鄭子而納厲公遂殺傳瑕也管蘇以憎忤取進申侯以愛從見退考之以義也新序曰楚恭王有疾告諸大夫曰管蘇犯我以義違我以禮與處不安不見不思然而有得焉吾死之後爵之於朝申侯伯順吾所欲行吾所樂與處則安不見則思然未嘗有得焉必速遣之故曰不在逆順以義爲斷不在憎愛以道爲貴禮記曰愛而知其惡憎而知其善考義之謂也桓帝時舉孝廉除北新城長北新城屬涿縣告縣人曰昔文翁在蜀道著巴漢前書文翁爲蜀郡太守興起學校比於魯衞也庚桑瑣隸風移碨磥瑣碎也莊子曰老聃之役有庚桑楚者偏得老聃之道以北居碨磥之山居三年碨磥大穰碨壘之人相與言曰庚桑子之始來我洒然異之今吾日計之不足歲計之有餘庶幾其聖人乎碨音猥磥音盧罪反吾雖小宰猶有

社稷論語曰子路將使子羔爲費宰曰有民人焉有社稷焉苟赴期會理文墨豈本志乎迺更大作講舍延聚生徒數百人朝夕自往勸誡身執經卷試策殿最儒化大行此邑至後猶稱其教焉特召入拜尚書郎累遷後爲野王令未行光和中病卒孫楨亦以文才知名魏志楨字公幹爲司空軍謀祭酒五官郎將文學與徐幹陳琳阮瑀應瑒俱以文章知名轉爲平原侯庶子

邊讓字文禮陳留浚儀人也少辯博能屬文作章華賦雖多淫麗之辭而終之以正亦如相如之諷也章華臺解見馮衍傳楊雄曰辭人之賦麗以淫司馬相如作上林賦發倉廩以救貧窮補不足恤鰥寡存孤獨出德號省刑罰此爲諷也其辭曰楚靈王既遊雲夢之澤息於荆臺之上前方淮之水左洞庭之波洞庭湖在今岳州西南右顧彭蠡之隩南眺巫山之阿說苑曰楚昭王欲之荆臺遊司馬子綦進諫曰荆臺之遊左洞庭之波右彭蠡之水南望獵山下臨方淮其地使人遺老而忘死也王不可遊也巫山在夔州巫山縣東延目廣望騁觀終日顧謂左史倚相曰盛哉斯樂可以遺老而忘死也說苑此並司馬子綦諫昭王之言於是遂作章華之臺築乾谿之室史記曰靈王次於乾谿樂乾谿不能去窮木土

之技單珍府之實舉國營之數年迺成技巧也單盡也國語楚靈王爲章華之臺與伍舉升焉曰臺美夫對曰國君安人以爲樂今君爲此臺也國人罷焉財用盡焉年穀敗焉百姓煩焉軍國苦之數年乃成設長夜之淫宴作北里之新聲史記曰紂爲酒池肉林使男女倮而相逐其間爲長夜之飲使師涓作新聲北里之舞靡靡之樂也於是伍舉知夫陳蔡之將生謀也陳蔡二國先爲楚所滅也迺作斯賦㠯諷之冑高陽之苗肖兮承聖祖之洪澤冑肖也高陽帝顓頊也帝系曰顓頊娶於滕隍氏女而生老童是爲楚先楚辭曰帝高陽之苗裔兮建列藩於南楚兮等威靈於二伯老童之後鬻熊事周文王早卒至孫熊繹周成王時封於楚其後子孫隆盛與齊晉强二伯齊桓晉文也超有商之大彭兮越隆周之兩號國語曰商伯大彭豕韋左傳曰號仲號叔王季之穆也達皇佐之高勳兮馳仁聲之顯赫皇佐謂鬻熊佐文王也左傳曰楚自克庸以來其君無日不討國人而訓之于人生之不易禍至之無日戒懼之不可以怠此馳仁聲也惠風春施神馳電斷華夏肅清五服攸亂謂靈王承先世仁惠之風如春普施神武威稜如電雷之斷決也五服甸侯綏要荒也亂理也旦垂精於萬機兮夕回輦於門館設長夜之歡飲兮展中情之嬿婉嬿安也婉美也婉協韻音於願反竭四海之妙珍兮盡人生之祕玩爾迺攜窈窕從好仇窈窕幽閑也仇匹也毛詩曰窈窕淑女君子好仇徑肉林登糟丘史記紂作糟丘酒池懸肉以爲林也蘭肴山竦椒酒淵流蘭肴芳若蘭也椒酒置椒酒中也楚詞曰蕙肴

兮蘭籍桂酒兮椒槳激玄醴於清池兮靡微風而行舟登瑤臺以回望兮冀彌日而消憂彌終也楚辭曰望瑤臺而偃蹇於是招宓妃命湘娥宓妃洛水之神女也湘娥堯之二女娥皇女英湘水之神也齊倡列鄭女羅楚辭曰二八齊容起鄭舞揚激楚之清宮兮展新聲而長歌激楚曲名也淮南子曰激楚結風繁手超於北里妙舞麗於陽阿左傳曰繁手慆聲淫堙心耳乃忘和平陽阿解見馬融傳金石類聚絲竹群兮被輕袿曳華文方言曰袿謂之裾釋名曰婦人上服謂之袿羅衣飄飄組綺繽紛組綬也綺綾也縱輕軀以迅赴若孤鵠之失群振華袂以逶迤若遊龍之登雲於是歡嬿既洽長夜向半琴瑟易調繁手改彈清聲發而響激微音逝而流散振弱支而紆繞兮若綠繁之垂幹忽飄飄以輕逝兮似鸞飛於天漢舞無常態鼓無定節尋聲響應修短靡跌跌蹉也長袖奮而生風清氣激而繞結歌聲激發縈繞纏結爾迺妍媚遞進巧弄相加俯仰異容忽兮神化化協韻音花體迅輕鴻榮曜春華進如浮雲退如激波雖復柳惠能不咨嗟柳下惠展季也家語曰柳下惠嫗不逮門之女國人不稱其亂言其貞也於是天河既回淫樂未

終清籥發徵激楚揚風（籥如笛六孔）於是音氣發於絲竹兮飛響軼於雲中比目應節而雙躍兮（比目魚一名鰈一名王餘不比不行江東呼為板魚韓詩外傳伯牙鼓琴游魚出聽）孤雌感聲而鳴雄（枚乘七發曰暮則羈雌迷鳥宿焉羈雌孤雌也）美繁手之輕妙兮嘉新聲之彌隆於是眾變已盡群樂既考（考成也）歸乎生風之廣夏兮修黃軒之要道（黃帝軒轅氏得房中之術於玄女握固吸氣還精補腦可以長生說苑雍門周說孟嘗君曰廣夏邃房下羅幃來清風）攜西子之弱腕兮援毛嬙之素肘（西子西施也越絕書曰越王句踐得採薪二女西施鄭旦以獻吳王毛嬙毛嬙也莊子曰毛嬙麗姬人之美者）美儀操之姣麗兮忽遺生而忘老爾迺清夜晨妙技單收尊俎徹鼓盤（張衡七盤賦曰歷七盤而屣躡也）惘焉若酲撫劒而歎（酲酒病也）慮理國之須才悟稼穡之艱難美呂尚之佐周善管仲之輔桓將超世而作理焉沈湎於此歡於是罷女樂墮瑤臺思夏禹之卑宮慕有虞之土階（墨子曰虞舜土階三尺茅茨不翦）舉英奇於仄陋拔髦秀於蓬萊（蓬蒿草萊之間也爾雅曰髦俊也）君明哲以知人官隨任而處能（能協韻音乃來反）百揆時敘庶績咸熙諸侯慕義不召同期（尚書武王伐紂八百諸侯不期而至）繼高陽之絕軌崇

成莊之洪基（史記楚成王布德施惠結舊好於諸侯使人獻於天子莊王成王孫也納伍舉蘇從之諫罷淫樂聽國政所誅數百人所進數百人國人大悅）雖齊桓之一匡豈足方於大持（穀梁傳曰齊桓公爲陽穀之會一匡天下匡正也）爾迺育之以仁臨之以明致虔報於鬼神盡肅恭乎上京（言楚尊事周室）馳淯化於黎元永歷世而太平大將軍何進聞讓才名欲辟命之恐不至詭以軍事徵召旣到署令史（續漢志曰大將軍下有令史及御史屬三十一人）進以禮見之讓善占謝能辭對時賓客滿堂莫不羨其風府掾孔融王朗並修刺候焉（朗字景興魏志有傳）議郞蔡邕深敬之以爲讓宜處高任迺薦於何進曰伏惟幕府初開博選清英華髮舊德並爲元龜（華髮白首也元龜所以知吉凶尚書曰格人元龜）雖振鷺之集西雍濟濟之在周庭無以或加（韓詩曰振鷺于飛于彼西雍薛君章句曰鷺潔白之鳥西雍文王辟雍也言文王之時辟雍學士皆潔白之人也又曰濟濟多士文王以寧）竊見令史陳留邊讓天授逸才聰明賢智髫齔夙孤不盡家訓（髫翦髮爲鬌也齔毀齒也）及就學廬便受大典初涉諸經見本知義授者不能對其問章句不能逮其意心通性達口辯辭長非禮不動非禮不

言若處狐疑之論定嫌審之分經典交至撿括參合眾夫寂焉莫之能奪也使讓生在唐虞則元凱之次運值仲尼則顏冉之亞豈徒俗之凡偶近器而已者哉階級名位亦宜超然若復隨輩而進非所以章瓌偉之高價昭知人之絕明也傳曰函牛之鼎以烹雞多汁則淡而不可食少汁則熬而不可熟莊子曰函牛之鼎沸蟻不得措一足焉呂氏春秋曰白圭對魏王曰市丘之鼎以烹雞多洎之則淡不可食少洎之則焦而不熟也函容也洎汁也此言大器之於小用固有所不宜也豈竊悁邑悁邑憂憤也怪此寶鼎未受犧牛大羹之和久在煎熬臠割之間願明將軍回謀垂慮裁加少納貢之機密展之力用展陳也若以年齒爲嫌則顏回不得冠德行之首子奇終無阿宰之功說苑曰子奇年十八爲阿宰有善績苟堪其事古今一也讓後以高才擢進屢遷出爲九江太守不以爲能也初平中王室大亂讓去官歸家恃才氣不屈曹操多輕侮之言建安中其鄉人有搆讓於操操告郡就殺之文多遺失

酈炎字文勝范陽人酈食其之後也炎有文才解音律言論給捷多服其能理給敏也靈帝時州郡辟命皆不就有志氣作詩二篇曰大道夷且長窘路狹且促修翼無卑棲遠趾不步局窘迫也舒吾陵霄羽奮此千里足超邁絕塵驅倏忽誰能逐賢愚豈常類稟性在清濁富貴有人籍貧賤無天錄富貴者爲人所載於典籍也貧賤者不載於天錄天錄謂若蕭曹見名於圖書通塞苟由己志士不相卜言通塞苟若由己則志士不須相卜也故蔡澤謂唐舉曰富貴吾自取之所不知者壽也陳平敖里社陳平爲里社宰分肉均里中曰善哉陳孺子之爲宰也曰使平宰天下亦猶是見前書韓信釣河曲韓信家貧無行不得爲吏釣於淮陰城下河者水之總名也終居天下宰食此萬鍾祿六斛四斗曰鍾德音流千載功名重山岳靈芝生河洲動搖因洪波蘭榮一何晚嚴霜瘁其柯哀哉二芳草不植太山阿文質道所貴遭時用有嘉絳灌臨衡宰謂誼崇浮華賢才抑不用遠投荆南沙賈誼欲革漢土德改定律令絳侯周勃及灌嬰共毀之文帝以誼爲長沙太傅見前書抱玉乘龍驥不逢樂與和伯樂卞和安得孔仲尼爲世陳四科謂德行政事文學言語也炎後風病慌忽性至孝

遭母憂病甚發動妻始產而驚死妻家訟之收繫獄炎病不能理對熹平六年遂死獄中時年二十八尚書盧植爲之誄讚㠯昭其懿德

侯瑾字子瑜敦煌人也少孤貧依宗人居性篤學恒傭作爲資暮還輒爇柴㠯讀書（爇古然字）常㠯禮自牧（易曰卑以自牧牧養也）獨處一房如對嚴賓焉州郡累召公車有道徵竝稱疾不到作矯世論㠯譏切當時而徙入山中覃思著述（覃靜也）㠯莫知於世故作應賓難㠯自寄又案漢記撰中興㠯後行事爲皇德傳三十篇行於世餘所作雜文數十篇多亾失西河人敬其才而不敢名之皆稱爲侯君云

高彪字義方吳郡無錫人也（無錫今常州縣）家本單寒至彪爲諸生遊太學有雅才而訥於言嘗從馬融欲訪大義融疾不獲見迺覆刺遺融書曰承服風問從來有年（風問風猷令問）故不待介者而謁大君子之門冀

一見龍光吕叙腹心之願毛詩曰既見君子為龍為光龍寵也不圖遭疾幽閉莫啓昔周公旦父文兄武九命作伯吕尹華夏猶揮沐吐餐垂接白屋白屋匹夫也故周道吕隆天下歸德公今養痾傲士故其宜也融省書慙追謝還之彪逝而不顧後郡舉孝廉試經第一除郎中校書東觀數奏賦頌奇文因事諷諫靈帝異之時京兆第五永為督軍御史使督幽州百官大會祖餞於長樂觀議郎蔡邕等皆賦詩彪迺獨作箴曰文武將墜迺俾俊臣俾使也整我皇綱董此不虔董正也古之君子卽戎忘身易曰不利卽戎司馬穰苴曰將受命之日忘其家援枹鼓卽忘其身明其果毅尚其桓桓左傳曰殺敵為果致果為毅尚書曰勗哉夫子尚桓桓桓桓武貌吕尚七十氣冠三軍詩人作歌如鷹如鸇太公年七十遇文王毛詩曰惟師尚父時惟鷹揚天有太一五將三門太一式凡舉事皆欲發三門順五將發三門者開門休門生門五將者天目文昌等地有九變丘陵山川孫子九變篇曰用兵有散地有輕地有爭地有交地有衢地有重地有圮地有圍地有死地諸侯自戰其地為散地入人之地而不深為輕地我得則利彼得亦利者為爭地我可以往彼可以來為交地諸侯之地三屬先至而得衆為衢地入人地深倍城邑多為重地行山林阻沮澤難行之道為圮地所由入者隘所從歸者少彼寡可以擊吾衆者為圍地疾戰則存不疾

戰則亡爲死地通九變之利知用兵矣人有計策六奇五閒（陳平出六奇策孫子曰用閒有五有因閒有內閒有反閒有死閒有生閒五閒俱起莫知其道是謂神紀人君之寶也因閒者因其鄉人而用之也內閒者因其宮人而用之也反閒者因其敵閒而用之也死閒者爲誑事於外令吾閒知之而得於敵者也生閒者反報之者也）總兹三事謀則咨詢（總天地人之事而詢謀於衆也）無曰已能務在求賢淮陰之勇廣野是尊（臣賢案前書韓信破趙得廣武君李左車解其縛而師事之而此作廣野案廣野君酈食其無韓信師事處蓋誤也）周公大聖石碏純臣以威克愛以義滅親（周公誅管蔡石碏殺其子厚也克勝也前書孫寶曰周公大聖邵公大賢尚書曰威克厥愛允濟左傳曰石碏純臣也大義滅親其是之謂乎）勿謂時險不正其身勿謂無人莫識己眞忘富遺貴福祿迺存枉道依合復無所觀（曲道以合時者不足觀也）先公高節越可永遵佩藏斯戒以厲終身邕等甚美其文以爲莫尚也後遷內黃令帝勑同僚臨送祖於上東門（洛陽城東西北頭門）詔東觀畫彪像以勸學者彪到官有德政上書薦縣人申屠蟠等病卒於官文章多亡子岱亦知名

張超字子並河閒鄚人也（今瀛州鄚縣）留侯良之後有文才靈帝時從車騎將軍朱儁征黃巾爲別部司馬著賦頌碑文薦檄牋書謁文嘲

凡十九篇超又善於草書妙絕時人世共傳之

禰衡字正平平原般人也般縣故城在今德州平昌縣東般音卜蒲反少有才辯而氣尚剛傲好矯時慢物興平中避難荆州建安初來遊許下始達潁川迺陰懷一刺既而無所之適至於刺字漫滅是時許都新建賢士大夫四方來集或問衡曰盍從陳長文司馬伯達乎陳群字長文司馬朗字伯達河內溫人對曰吾焉能從屠沽兒耶又問荀文若趙稚長云何趙爲盪寇將軍見魏志衡曰文若可借面弔喪稚長可使監廚請客典略曰衡見荀儀容但有貌耳故可弔喪趙有腹大健噉肉故可監廚也唯善魯國孔融及弘農楊脩常稱曰大兒孔文舉小兒楊德祖餘子碌碌莫足數也融亦深愛其才衡始弱冠而融年四十遂與爲交友上疏薦之曰臣聞洪水横流帝思俾乂孟子曰堯時洪水横流汎濫於天下尚書帝曰咨湯湯洪水方割有能俾乂俾使也乂理也旁求四方以招賢俊尚書曰旁求天下昔孝武繼統將弘祖業疇咨熙載群士響臻尚書帝堯曰疇咨若時登庸又曰有能奮庸熙帝之載疇誰也熙廣也載事也陛下叡聖纂承基緒遭

遇戹運勞謙日昃易曰勞謙君子有終吉尚書敘文王德曰自朝至于日中昃不遑暇食言不敢懈怠也惟岳降神異人竝出毛詩曰惟岳降神生甫及申公孫弘傳贊曰異人並出竊見處士平原禰衡年二十四字正平淑質貞亮英才卓礫初涉蓺文升堂覩奧目所一見輒誦於口耳所暫聞不忘於心性與道合思若有神淮南子曰所謂眞人者性合於道也弘羊潛計安世默識曰衡準之誠不足怪前書曰桑弘羊雒陽賈人子以心計年十三爲侍中又曰張安世字子孺爲郎上行幸河東嘗亾書三篋詔問莫能知唯安世識之具上其事後購求得書以相校無所遺失忠果正直志懷霜雪見善若驚疾惡如讎國語楚藍尹亹謂子西曰夫闔閭聞一善言若驚得一士若賞任座抗行史魚厲節殆無曰過也呂氏春秋魏文侯飲問諸大夫曰寡人如何主也任座曰君不肖君也剋中山不以封君之弟而以封君之子是以知君不肖君也論語孔子曰直哉史魚邦有道如矢邦無道如矢也鷙鳥累百不如一鶚鄒陽上書之言也鶚大鵰也使衡立朝必有可觀飛辯騁辭溢氣坌涌解疑釋結臨敵有餘昔賈誼求試屬國詭係單于前書賈誼曰何不試以臣爲屬國之官以主匈奴行臣之計請必繫單于之頸而制其命終軍欲曰長纓牽致勁越前書終軍曰願受長纓必羈南越王而致之闕下也弱冠慷慨前世美之近日路粹嚴象亦用異才擢拜臺郎衡宜與爲比如得龍躍天

衢振翼雲漢揚聲紫微垂光虹蜺足以昭近署之多士增四門之穆穆尚書曰賓于四門四門穆穆鈞天廣樂必有奇麗之觀史記曰趙簡子疾五日不知人大夫皆懼醫扁鵲曰血脈理也昔秦穆公如此七日寤寤而曰我之帝所甚樂今主君之疾與之同不出三日必間間必有言也居二日果寤語大夫曰我之帝所甚樂與百神遊於鈞天廣樂九奏其聲動心也帝室皇居必蓄非常之寶若衡等輩不可多得激楚揚阿至妙之容臺牧者之所貪諸本並作臺牧未詳其義融集作掌牧飛兔騕褭絕足奔放良樂之所急呂氏春秋曰飛兔騕褭古駿馬也高誘注曰日行萬里王良伯樂善御人也臣等區區敢不以聞融既愛衡才數稱述於曹操操欲見之而衡素相輕疾自稱狂病不肯往而數有恚言操懷忿而以其才名不欲殺之聞衡善擊鼓迺召為鼓史因大會賓客閱試音節諸史過者皆令脫其故衣更著岑牟單絞之服文士傳曰魏太祖欲辱衡乃令人錄用為鼓史後至八月朝會大閱試鼓節作三重閣列坐賓客以帛絹制作衣一岑牟一單絞及小褌通史志曰岑牟鼓角士冑也鄭玄注禮記曰絞蒼黃之色也次至衡衡方為漁陽參撾蹀𨆪而前文士傳曰衡擊鼓作漁陽參槌蹋地來前躡馺足腳容態不常鼓聲甚悲易衣畢復擊鼓參槌而去至今有漁陽參槌自衡始也臣賢案槌及撾並擊鼓杖也參撾是擊鼓之法而王僧孺詩云散度廣陵音參寫漁陽曲而於其詩自音云參音七紺反後諸文人多同用之據此詩意則參曲奏之

名則撾字入於下句全不成文其云復參撾而去足知參撾二字當相連而讀參字音爲去聲不知何所憑也參七甘反容態有異聲節悲壯聽者莫不慷慨衡進至操前而止吏訶之曰鼓史何不改裝而敢輕進乎衡曰諾於是先解衵衣杜預注左傳曰衵近身衣也音女一反次釋餘服裸身而立徐取岑牟單絞而著之畢復參撾而去顏色不怍怍羞也操笑曰本欲辱衡衡反辱孤孔融退而數之曰正平大雅固當爾邪雅正也言大雅君不當爾爾因宣操區區之意衡許往融復見操說衡狂疾今求得自謝操喜勑門者有客便通待之極晏衡迺著布單衣疎巾手持三尺梲杖說文曰梲大杖也音佗結反坐大營門以杖捶地大罵吏白外有狂生坐於營門言語悖逆請收案罪操怒謂融曰禰衡豎子孤殺之猶雀鼠耳顧此人素有虛名遠近將謂孤不能容之今送與劉表視當如何於是遣人騎送之臨發衆人爲之祖道先供設於城南迺更相戒曰禰衡勃虐無禮今因其後到咸當以不起折之也及衡至衆人莫肯興

衡坐而大號衆問其故衡曰坐者爲冢臥者爲屍屍冢之間能不悲乎劉表及荆州士大夫先服其才名甚賓禮之文章言議非衡不定表嘗與諸文人共草章奏竝極其才思時衡出還見之開省未周因毁以抵地（抵擲也）表憮然爲駭（憮然怪之也音撫）衡迺從求筆札須臾立成辭義可觀表大悅益重之後復侮慢於表表恥不能容以江夏太守黃祖性急故送衡與之祖亦善待焉衡爲作書記輕重疏密各得體宜祖持其手曰處士此正得祖意如祖腹中之所欲言也祖長子射（射音亦）爲章陵太守尤善於衡嘗與衡俱遊共讀蔡邕所作碑文射愛其辭還恨不繕寫衡曰吾雖一覽猶能識之（識記也音志）唯其中石缺二字爲不明耳因書出之射馳使寫碑還校如衡所書莫不歎伏射時大會賓客人有獻鸚鵡者射舉卮於衡曰願先生賦之以娛嘉賓衡攬筆而作文無加點辭采甚麗後黃祖在蒙衝船

上釋名曰外挾而長曰蒙衝以衝突敵船大會賓客而衡言不遜順祖慙迺訶之衡更熟視曰死公云等道死公罵言也等道猶今言何勿語也祖大怒令五百將出五百猶今之問事也解見宦者傳欲加箠衡方大罵祖恚遂令殺之祖主簿素疾衡即時殺焉射徒跣來救不及祖亦悔之迺厚加棺斂衡時年二十六其文章多亡云

贊曰情志既動篇辭爲貴毛詩序云情發於中而形於言詩者志之所之故情志動而篇辭作斯文章之所貴抽心呈貌非雕非蔚雕斲也易曰君子豹變其文蔚殊狀共體同聲異氣言觀麗則永監淫費揚雄曰詩人之賦麗以則辭人之賦麗以淫禮記曰不辭費

文苑列傳第七十下

後漢書八十下

獨行傳第七十一　後漢書八十一

唐章懷太子賢注

孔子曰與其不得中庸必也狂狷乎（庸常也中和可常行之道謂之中庸言若不得中庸之人與之居必也須得狂狷之人）又云狂者進取狷者有所不爲也（此是錄論語者因夫子之言而釋狂狷之人也）此蓋失於周全之道而取諸偏至之端者也然則有所不爲亦將有所必爲者矣旣云進取亦將有所不取者矣如此性尚分流爲否異適矣（人之好尚不同或爲或否各有所適）中世偏行一介之夫能成名立方者蓋亦衆也或志剛金石而剋扞於強禦（謂劉茂衞福也）或意嚴冬霜而甘心於小諒（戴就陸續也）或隱朋協好幽明其心（范式張劭也）蹈義陵險死生等節（繆彤李善也）雖事非通圓良其風軌有足懷者而情迹殊雜難爲條品片辭特趣不足區別措之則事或有遺（措置也）載之則貫序無統以其名體雖殊而操行俱絕故總爲獨行篇焉庶備諸闕文紀志漏脫云爾

譙玄字君黃巴郡閬中人也少好學能說易春秋仕於州郡成帝
永始二年有日食之災乃詔舉敦樸遜讓有行義者各一人州舉
玄詣公車對策高第拜議郎帝始作期門數爲微行前書武帝微行常與侍中常侍武騎
及待詔北地良家子能騎射者期諸殿門故有期門之號自此始也成帝微行亦然故言始也立趙飛燕爲皇后后專寵懷忌皇
太子多橫夭玄上書諫曰臣聞王者承天繼宗統極保業延祚莫
急胤嗣故易有幹蠱之義詩詠衆多之福易曰幹父之蠱注云蠱事也毛詩曰螽斯后妃之德也后妃不
妬忌則子孫衆多也其詩曰螽斯羽詵詵兮宜爾子孫振振兮今陛下聖嗣未立天下屬望而不惟社稷
之計專念微行之事愛幸用於所惑曲意留於非正竊聞後宮皇
子產而不育前書成帝宮人曹偉能及許美人皆生子趙昭儀皆令殺之臣聞之怛然痛心傷剝竊懷憂
國不忘須臾夫警衛不修則患生非常忽有醉酒狂夫分爭道路
既無尊嚴之儀豈識上下之別此爲胡狄起於轂下而賊亂發於
左右也願陛下念天下之至重愛金玉之身切九女之施九女解見崔琦傳

存無窮之福天下幸甚時數有災異玄輒陳其變旣不省納故久稽郎官後遷太常丞以弟服去職平帝元始元年日食又詔公卿舉敦朴直言大鴻臚左咸舉玄詣公車對策復拜議郎遷中散大夫四年選明達政事能班化風俗者八人時並舉玄爲繡衣使者前書御史大夫領繡衣直指出討姦猾理大獄武帝所制不常置持節與太僕任惲等分行天下觀覽風俗所至專行誅賞事未及終而王莽居攝玄於是縱使者車縱捨也變易姓名間竄歸家間私也因以隱遁後公孫述僭號於蜀連聘不詣述乃遣使者備禮徵之若玄不肯起便賜以毒藥太守乃自齎璽書至玄廬曰君高節已著朝廷垂意誠不宜復辭自招凶禍玄仰天歎曰唐堯大聖許由恥仕周武至德伯夷守餓彼獨何人我亦何人保志全高死亦奚恨遂受毒藥玄子瑛泣血叩頭於太守曰方今國家東有嚴敵兵師四出國用軍資或不常充足願奉家錢千萬

以贖父死太守爲請述聽許之玄遂隱藏田野終述之世時兵戈累年莫能脩尚學業玄獨訓諸子勤習經書建武十一年卒明年天下平定玄弟慶以狀詣闕自陳光武美之策詔本郡祠以中牢敕所在還玄家錢時亦有犍爲費貽不肯仕述乃漆身爲厲陽狂以避之退藏山藪十餘年述破後仕至合浦太守瑛善說易以授顯宗爲北宮衞士令（漢官儀曰北宮衞士令一人秩六百石）

李業字巨游廣漢梓潼人也少有志操介特習魯詩師博士許晃元始中舉明經除爲郎（元始平帝年也）會王莽居攝業以病去官杜門不應州郡之命太守劉咸強召之業乃載病詣門咸怒出教曰賢者不避害譬猶彀弩射市薄命者先死聞業名稱故欲與之爲治而反託疾乎令詣獄養病欲殺之客有說咸曰趙殺鳴犢孔子臨河而逝（史記曰孔子既不得用於衞將西見趙簡子至於河而聞竇鳴犢舜華之死也臨河而歎曰美哉河水洋洋乎丘之不濟命也夫子貢進曰敢問何謂也孔子曰竇鳴犢舜華晉國之賢大夫

也趙簡子未得志之時須此兩人而後從政丘聞之也刳胎殺夭則騏驎不至竭澤而漁則蛟龍不合覆巢毀卵則鳳凰不翔何則君子諱傷其類夫鳥獸之於不義也尚知避之而況乎丘哉乃還也未聞求賢而脅以牢獄者也咸乃出之因舉方正王莽以業爲酒士王莽時官酤酒故置酒士也病不之官遂隱藏山谷絕匿名迹終莽之世及公孫述僭號素聞業賢徵之欲以爲博士業固疾不起數年述羞不致之乃使大鴻臚尹融持毒酒奉詔命以劫業若起則受公矦之位不起賜之以藥融譬旨曰方今天下分崩孰知是非而以區區之身試於不測之淵乎朝廷貪慕名德曠官缺位于今七年四時珍御不以忘君宜上奉知己下爲子孫身名俱全不亦優乎今數年不起猜疑寇心凶禍立加非計之得者也業乃歎曰危國不入亂國不居論語孔子曰危邦不入亂邦不居天下有道則見無道則隱親於其身爲不善者義所不從君子見危授命論語曰親於其身爲不善者君子不入又曰君子見危授命見得思義何乃誘以高位重餌哉融見業辭志不屈復曰宜呼室家計之業曰丈夫斷之於心久矣何妻子

之爲遂飲毒而死述聞業死大驚又恥有殺賢之名乃遣使弔祠賻贈百匹業子翬逃辭不受蜀平光武下詔表其閭益部紀載其高節圖畫形象初平帝時蜀郡王皓爲美陽令王嘉爲郎王莽篡位竝棄官西歸及公孫述稱帝遣使徵皓嘉恐不至遂先繫其妻子使者謂嘉曰速裝妻子可全對曰犬馬猶識主況於人乎王皓先自刎以首付使者述怒遂誅皓家屬王嘉聞而歎曰後之哉乃對使者伏劍而死是時犍爲任永君業同郡馮信竝好學博古公孫述連徵命待以高位皆託青盲以避世難永妻淫於前匿情無言見子入井忍而不救信侍婢亦對信姦通及聞述誅皆盥洗更視曰世適平目即清淫者自殺光武聞而徵之竝會病卒

劉茂字子衞太原晉陽人也少孤獨與母居家貧以筋力致養孝行著於鄉里及長能習禮經教授常數百人哀帝時察孝廉再遷

五原屬國候遭母憂去官服竟後爲沮陽令沮陽縣屬上谷郡故城在今嬀州東沮音阻會王莽篡位茂棄官避世弘農山中教授建武二年歸爲郡門下掾時赤眉二十餘萬衆攻郡縣殺長吏及府掾吏茂負太守孫福踰墻藏空穴中得免其暮俱奔盂縣今并州盂縣也晝則逃隱夜求糧食積百餘日賊去乃得歸府明年詔書求天下義士福言茂曰臣前爲赤眉所攻吏民壞亂奔走趣山臣爲賊所圍命如絲髮賴茂負臣踰城出保盂縣茂與弟觸冒兵刃緣山負食臣及妻子得度死命節義尤高宜蒙表擢以厲義士詔書即徵茂拜議郎遷宗正丞續漢書宗正丞一人比千石也後拜侍中卒官元初中鮮卑數百餘騎寇漁陽太守張顯率吏士追出塞遥望虜營煙火急趣之兵馬掾嚴授慮有伏兵苦諫止不聽顯蹙令進授不獲已前戰伏兵發授身被十創歿於陣顯拔刃追散兵不能制虜射中顯主簿衛福功曹徐咸遽起之顯遂墮

馬福㠯身擁蔽虜并殺之朝廷愍授等節詔書褒歎厚加賞賜各除子一人爲郎中永初二年劇賊畢豪等入平原界縣令劉雄將吏士乘船追之至厭次河厭次縣之河也與賊合戰雄敗執雄㠯矛刺之時小吏所輔所姓也風俗通曰宋大夫華所事之後也漢有所忠爲諫議大夫前叩頭求哀願㠯身代雄豪等縱雄而刺輔貫心洞背卽死東郡太守捕得豪等具㠯狀上詔書追傷之賜錢二十萬除父奉爲郎中

溫序字次房太原祁人也仕州從事建武二年騎都尉弓里戍弓里姓也將兵平定北州到太原歷訪英俊大人問㠯策謀戍見序奇之上疏薦焉於是徵爲侍御史遷武陵都尉病免官六年拜謁者遷護羌校尉序行部至襄武爲隗囂別將苟宇所拘劫宇謂序曰子若與我并威同力天下可圖也序曰受國重任分當效死義不貪生苟背恩德宇等復曉譬之序素有氣力大怒叱宇等曰虜何敢迫

脅漢將因以節檛殺數人賊衆爭欲殺之宇止之曰此義士死節可賜以劒序受劒銜鬚於口顧左右曰旣爲賊所迫殺無令鬚汙士遂伏劒而死序主簿韓遵從事王忠持屍歸斂光武聞而憐之命忠送喪到洛陽賜城傍爲冢地賻穀千斛縑五百匹除三子爲郎中長子壽服竟爲鄒平侯相夢序告之曰久客思鄉里壽卽棄官上書乞骸骨歸葬帝許之乃反舊塋焉序墓在今并州祁縣西北

彭脩字子陽會稽毗陵人也毗陵今常州晉陵縣也吳地記曰本名延陵吳王諸樊封季札漢改曰毗陵年十五時父爲郡吏得休休假也與脩俱歸道爲盜所劫脩困迫乃拔佩刀前持盜帥曰父辱子死卿不顧死邪盜相謂曰此童子義士也不宜逼之遂辭謝而去鄉黨稱其名後仕郡爲功曹時西部都尉宰鼂行太守事應劭漢官曰都尉秦官也本名郡尉掌佐太守典其武職秩比二千石孝景時改名都尉以微過收吳縣獄吏將殺之主簿鍾離意爭諫甚切鼂怒使收縛意欲案之掾史莫敢諫脩排

閤直入拜於庭曰明府發雷霆於主簿請聞其過纔曰受教三日初不奉行廢命不忠豈非過邪脩因拜曰昔任座面折文侯（解見文苑禰衡傳）朱雲攀毀欄檻（前書成帝時朱雲上書請以尚方斬馬劍斬張禹上欲殺之雲攀折殿檻西京雜記云攀折玉檻）自非賢君焉得忠臣今慶明府爲賢君主簿爲忠臣纔遂原意罰貰獄吏罪後州辟從事時賊張子林等數百人作亂郡言州請脩守吳令脩與太守俱出討賊賊望見車馬競交射之飛矢雨集脩障扞太守而爲流矢所中死太守得全賊素聞其恩信卽殺弩中脩者餘悉降散言曰自爲彭君故降不爲太守服也

索盧放字君陽（索盧姓也）東郡人也以尚書教授千餘人初署郡門下掾更始時使者督行郡國太守有事當就斬刑放前言曰今天下所以苦毒王氏歸心皇漢者實以聖政寬仁故也而傳車所過未聞恩澤太守受誅誠不敢言但恐天下惶懼各生疑變夫使功者

不如使過若秦穆赦孟明而用之霸西戎願吕身代太守之命遂前就斬使者義而赦之由是顯名建武六年徵爲洛陽令政有能名吕病乞身徙諫議大夫數納忠言後吕疾去建武末復徵不起光武使人輿之見於南宮雲臺賜穀二千斛遣歸除子爲太子中庶子卒於家續漢書曰太子中庶子秩六百石

周嘉字惠文汝南安城人也高祖父燕宣帝時爲郡決曹掾太守欲枉殺人燕諫不聽遂殺囚而黜燕囚家守闕稱冤詔遣覆考燕見太守曰願謹定文書皆著燕名府君但言時病而已出謂掾史曰諸君被問恐當吕罪推燕如有一言及於府君燕手劍相刃使乃收燕繫獄屢被掠楚辭無屈撓當下蠶室乃歎曰我平王之後正公玄孫謝承書曰燕字少卿其先出自周平王之後漢興紹嗣封爲正公食采於汝墳也豈可吕刀鋸之餘下見先君遂不食而死燕有五子皆至刺史太守嘉仕郡爲主簿王莽末

羣賊入汝陽城嘉從太守何敞討賊敞爲流矢所中郡兵奔北賊圍繞數十重白刃交集嘉乃擁敞以身扞之因呵賊曰卿曹皆人隸也爲賊既逆豈有還害其君者邪嘉請以死贖君命因仰天號泣羣賊於是兩兩相視曰此義士也給其車馬遣送之後太守寇恂舉爲孝廉拜尚書侍郎光武引見問以遭難之事嘉對曰太守被傷命懸寇手臣實駑怯不能死難帝曰此長者也詔嘉尚公主嘉稱病篤不肯當稍遷零陵太守視事七年卒零陵頌其遺愛吏民爲立祠焉嘉從弟暢字伯持性仁慈爲河南尹永初二年夏旱久禱無應暢因收葬洛城傍客死骸骨凡萬餘人應時澍雨歲乃豐稔位至光祿勳

范式字巨卿山陽金鄉人也一名氾少游太學爲諸生與汝南張劭爲友劭字元伯二人竝告歸鄉里式謂元伯曰後二年當還將

過拜尊親見孺子焉見其子也孺子稚子也乃共剋期日後期方至元伯具以白母請設饌以候之母曰二年之別千里結言爾何相信之審邪對曰巨卿信士必不乖違母曰若然當爲爾醞酒至其日巨卿果到升堂拜飲盡歡而別式仕爲郡功曹後元伯寢疾篤同郡郅君章殷子徵晨夜省視之元伯臨盡歎曰恨不見吾死友子徵曰吾與君章盡心於子是非死友復欲誰求元伯曰若二子者吾生友耳山陽范巨卿所謂死友也尋而卒式忽夢見元伯玄冕垂纓屣履而呼曰巨卿吾以某日死當以爾時葬永歸黃泉子未我忘豈能相及式恍然覺寤悲歎泣下具告太守請往奔喪太守雖心不信而重違其情許之式便服朋友之服儀禮喪服記曰朋友在它國袒免歸則已注云謂無親者爲之主喪服又曰朋友麻注云朋友雖無親有同道之恩相爲服緦之經帶投其葬日馳往赴之式未及到而喪已發引旣至壙將窆窆下棺也而柩不肯進其母撫之曰元伯豈有望邪遂停柩移

時乃見有素車白馬號哭而來其母望之曰是必范巨卿也巨卿既至叩喪言曰行矣元伯死生路異永從此辭會葬者千人咸爲揮涕式因執紼而引柩於是乃前式遂留止冢次爲脩墳樹然後乃去後到京師受業太學時諸生長沙陳平子亦同在學與式未相見而平子被病將亡謂其妻曰吾聞山陽范巨卿烈士也可以託死吾殁後但以屍埋巨卿戶前乃裂素爲書以遺巨卿既終妻從其言時式出行適還省書見瘞愴然感之向墳揖哭以爲死友乃營護平子妻兒身自送喪於臨湘未至四五里乃委素書於柩上哭別而去其兄弟聞之尋求不復見長沙上計掾史到京師上書表式行狀三府並辟不應舉州茂才四遷荆州刺史友人南陽孔嵩家貧親老乃變名姓傭爲新野縣阿里街卒（阿里里名也）式行部到新野而縣選嵩爲導騎迎式（導引之騎）式見而識之呼嵩把臂謂曰子非

孔仲山邪對之歎息語及平生曰昔與子俱曳長裾遊集帝學吾蒙國恩致位牧伯而子懷道隱身處於卒伍不亦惜乎嵩曰侯嬴長守於賤業（史記曰侯嬴年七十家貧爲大梁夷門卒魏公子聞之往請欲厚遺之不肯受曰臣修身潔行數十年終不以監門困故受公子財）晨門肆志於抱關（解見張晧傳也）子欲居九夷不患其陋（論語曰孔子欲居九夷或曰陋如之何孔子曰君子居之何陋之有）貧者士之宜豈爲鄙哉式敕縣代嵩嵩以爲先傭未竟不肯去嵩在阿里正身厲行街中子弟皆服其訓化遂辟公府之京師道宿下亭盜共竊其馬尋問知其嵩也乃相責讓曰孔仲山善士豈宜侵盜乎於是送馬謝之嵩官至南海太守式後遷廬江太守有威名卒于官

李善字次孫南陽淯陽人本同縣李元蒼頭也建武中疫疾元家相繼死沒唯孤兒續始生數旬而貲財千萬諸奴婢私共計議欲謀殺續分其財產善深傷李氏而力不能制乃潛負續逃去隱山

陽瑕丘界中親自哺養乳爲生湩（湩乳汁也音竹用反）推燥居溼備嘗艱勤續雖在孩抱奉之不異長君有事輒長跪請白然後行之閭里感其行皆相率修義續年十歲善與歸本縣修理舊業告奴婢於長吏悉收殺之時鍾離意爲瑕丘令上書薦善行狀光武詔拜善及續竝爲太子舍人善顯宗時辟公府吕能理劇再遷日南太守從京師之官道經淯陽過李元冢未至一里乃脫朝服持鉏去草及拜墓哭泣甚悲身自炊爨執鼎俎吕修祭祀垂泣曰君夫人善在此盡哀數日乃去到官吕愛惠爲政懷來異俗遷九江太守未至道病卒續至河閒相

王忳字少林（忳音純）廣漢新都人也忳嘗詣京師於空舍中見一書生疾困愍而視之書生謂忳曰我當到洛陽而被病命在須臾腰下有金十斤願吕相贈死後乞藏骸骨未及問姓名而絕忳卽鬻

金一斤營其殯葬餘金悉置棺下人無知者後歸數年縣署忳大度亭長初到之日有馬馳入亭中而止其日大風飄一繡被復墮忳前卽言之於縣縣以歸忳忳後乘馬到雒縣馬遂奔走牽忳入它舍主人見之喜曰今禽盜矣問忳所由得馬忳具說其狀并及繡被主人悵然良久乃曰被隨旋風與馬俱亡卿何陰德而致此二物忳自念有葬書生事因說之并道書生形貌及埋金處主人大驚號曰是我子也姓金名彥前往京師不知所在何意卿乃葬之大恩久不報天以此章卿德耳忳悉以被馬還之彥父不取又厚遺忳忳辭讓而去時彥父爲州從事因告新都令假忳休息與俱迎彥喪餘金具存忳由是顯名仕郡功曹州治中從事舉茂才除郿令到官至斄亭（斄音台）亭長曰亭有鬼數殺過客不可宿也忳曰仁勝凶邪德除不祥何鬼之避卽入亭止宿夜中聞有女子稱

冤之聲忳呪曰有何枉狀可前求理乎女子曰無衣不敢進忳便投衣與之女子乃前訴曰妾夫爲涪令之官過宿此亭亭長無狀殺妾家十餘口埋在樓下悉盜取財貨忳問亭長姓名女子曰卽今門下游徼者也忳曰汝何故數殺過客對曰妾不得白日自訴每夜陳冤客輒眠不見應不勝感恚故殺之忳曰當爲汝理此冤勿復殺良善也因解衣於地忽然不見明旦召游徼詰問具服罪卽收繫及同謀十餘人悉伏辜遣吏送其喪歸鄉里於是亭遂淸安

張武者吳郡由拳人也（由拳縣故城在今蘇州嘉興縣南）父業郡門下掾送太守妻子還鄉里至河內亭盜夜劫之業與賊戰死遂亡失屍骸武時年幼不及識父後之太學受業每節常持父遺劍至亡處祭醊而還太守第五倫嘉其行舉孝廉遭母喪過毀傷父魂靈不返因哀慟絕

命

陸續字智初，會稽吳人也。世爲族姓。祖父閎，字子春，建武中爲尚書令。美姿貌，喜著越布單衣，光武見而好之，自是常敕會稽郡獻越布。續幼孤，仕郡戶曹史。時歲荒民飢，困太守尹興使續於都亭賦民饘粥。續悉簡閱其民，訊以名氏。事畢，興問所食幾何？續因口說六百餘人，皆分別姓名，無有差謬。興異之。刺史行部，見續，辟爲別駕從事。以病去，還爲郡門下掾。是時楚王英謀反，陰疏天下善士，及楚事覺，顯宗得其錄，有尹興名，乃徵興詣廷尉獄。續與主簿梁宏、功曹史駟勳及掾史五百餘人詣洛陽詔獄就考，諸吏不堪痛楚，死者大半，唯續、宏、勳掠考五毒，肌肉消爛，終無異辭。續母遠至京師，覘候消息，獄事持急，無緣與續相聞，母但作饋食，付門卒以進之。續雖見考苦毒，而辭色慷慨，未嘗易容，唯對食悲泣，不能自勝使者怪而問其故續曰母來不得相見故泣耳使者大怒㠯爲門卒通傳意氣召將案之續曰因食餉羹識母所自調和故知來耳非人告也使者問何㠯知母所作乎續曰母嘗截肉未嘗不方斷葱㠯寸爲度是㠯知之使者問諸謁舍謁舍所謂停主人之舍也續母果來於是陰嘉之上書說續行狀帝卽赦興等事還鄉里禁錮終身續㠯老病卒長子稠廣陵太守有理名中子逢樂安太守少子褒力行好學不慕榮名連徵不就褒子康已見前傳

戴封字平仲濟北剛人也剛縣故城在今兗州龔丘縣東北年十五詣太學師事鄮令東海申君申君卒送喪到東海道當經其家父母㠯封當還豫爲娶妻封暫過拜親不宿而去還京師卒業時同學石敬平溫病卒封養視殯斂㠯所齎糧市小棺送喪到家家更斂見敬平行時書物皆在棺中乃大異之封後遇賊財物悉被略奪唯餘縑七匹賊

不知處封乃追以與之曰知諸君乏故送相遺賊驚曰此賢人也盡還其器物後舉孝廉光祿主事遭伯父喪去官詔書求賢良方正直言之士有至行能消災伏異者公卿郡守各舉一人郡及大司農俱舉封公車徵陛見對策第一擢拜議郎遷西華令時汝潁有蝗災獨不入西華界時督郵行縣蝗忽大至督郵其日卽去蝗亦頓除一境奇之其年大旱封禱請無獲乃積薪坐其上以自焚火起而大雨暴至於是遠近歎服遷中山相時諸縣囚四百餘人辭狀已定當行刑封哀之皆遣歸家與剋期日皆無違者詔書策美焉永元十二年徵拜太常卒官

李充字大遜陳留人也家貧兄弟六人同食遞衣妻竊謂充曰今貧居如此難以久安妾有私財願思分異充僞酬之曰如欲別居當醞酒具會請呼鄉里內外共議其事婦從充置酒讌客充於坐

中前跪白母曰此婦甚無狀而教充離間母兄罪合遣斥便呵叱其婦逐令出門婦銜涕而去坐中驚肅因遂罷散充後遭母喪行服墓次人有盜其墓樹者充手自殺之服闋立精舍講授太守魯平請署功曹不就平怒乃援充以捐溝中因謫署縣都亭長不得已起親職役後和帝公車徵不行延平中詔公卿中二千石各舉隱士大儒務取高行以勸後進特徵充為博士時魯平亦為博士每與集會常歎服焉充遷侍中大將軍鄧騭貴戚傾時無所下借（下音假借音子夜反）以充高節每卑敬之嘗置酒請充賓客滿堂酒酣騭跪曰幸託椒房位列上將幕府初開欲辟天下奇偉以匡不逮惟諸君博求其器充乃為陳海內隱居懷道之士頗有不合騭欲絕其說以肉啖之充抵肉於地曰說士猶甘於肉遂出徑去騭甚望之同坐汝南張孟舉往讓充曰一日聞足下與鄧將軍說士未究（一日猶昨日也）

激刺面折不由中和出言之責非所㠯光祚子孫者也充曰大丈夫居世貴行其意何能遠爲子孫之計由是見非於貴戚遷左中郎將年八十八㠯爲國三老安帝常特進見賜㠯几杖卒於家

繆肜字豫公汝南召陵人也少孤兄弟四人皆同財業及各娶妻諸婦遂求分異又數有鬭爭之言肜深懷憤歎乃掩戶自撾曰繆肜汝修身謹行學聖人之法將㠯齊整風俗奈何不能正其家乎弟及諸婦聞之悉叩頭謝罪遂更爲敦睦之行仕縣爲主簿時縣令被章見考吏皆畏懼自誣而肜獨證據其事掠考苦毒至乃體生蟲蛆因復傳換五獄踰涉四年令卒㠯自免太守隴西梁湛召爲決曹史安帝初湛病卒官肜送喪還隴西始葬會西羌反叛湛妻子悉避亂它郡肜獨留不去爲起墳冢乃潛穿井旁㠯爲窟室晝則隱竄夜則負土及賊平而墳已立其妻子意肜已死還見大

驚關西咸稱傳之共給車馬衣資彤不受而歸鄉里辟公府舉尤異遷中牟令縣近京師多權豪彤到誅諸姦吏及託名貴戚賓客者百有餘人威名遂行卒於官

陳重字景公豫章宜春人也（宜春今袁州縣）少與同郡雷義爲友俱學魯詩顏氏春秋太守張雲舉重孝廉重㠯讓義前後十餘通記（記書也）雲不聽義明年舉孝廉重與俱在郎署有同署郎負息錢數十萬責主日至詭求無已（說文曰詭責也）重乃密㠯錢代還郎後覺知而厚辭謝之重曰非我之爲將有同姓名者終不言惠又同舍郎有告歸寍者誤持隣舍郎絝㠯去主疑重所取重不自申說而市絝㠯償之後寍喪者歸㠯絝還主其事乃顯後重與義俱拜尚書郎義代同時人受罪㠯此黜退重見義去亦㠯病免後舉茂才除細陽令政有異化舉尤異當遷爲會稽太守遭姊憂去官後爲司徒所辟拜侍御

史卒

雷義字仲公，豫章鄱陽人也。（鄱陽縣城在今饒州鄱陽縣東。）初爲郡功曹，嘗擢舉善人，不伐其功。義嘗濟人死罪，罪者後以金二斤謝之，義不受。金主伺義不在，默投金於承塵上。後葺理屋宇，乃得之，金主已死，無所復還，義乃以付縣曹。後舉孝廉，拜尚書侍郎。有同時郎坐事當居刑作，義默自表取其罪，以此論司寇。同臺郎覺之，委位自上，乞贖義罪。順帝詔皆除刑。義歸，舉茂才，讓於陳重，刺史不聽，義遂陽狂被髮走，不應命。鄉里爲之語曰："膠漆自謂堅，不如雷與陳。"三府同時俱辟二人。義遂爲守灌謁者。（漢官儀曰："謁者三十五人，以郎中秩滿歲稱給事，未滿歲稱灌謁者。"胡廣云："明章二帝服勤園陵，謁者灌柏後遂稱云。"馬融以爲灌者習所職也。應奉云："如胡公之言，則吉凶異制；馬云灌習也，字又非也。高祖承秦，灌嬰服事七年，號大謁者，後人掌之，以姓灌章，豈其然乎？"）使持節督郡國行風俗，太守令長坐者凡七十八人。旋拜侍御史，除南頓令，卒官。子授，官至蒼梧太守。

范冉字史雲（冉或作丹）陳留外黃人也少爲縣小吏年十八奉檄迎督郵冉恥之乃遁去到南陽受業於樊英又遊三輔就馬融通經歷年乃還冉好違時絕俗爲激詭之行常慕梁伯鸞閔仲叔之爲人與漢中李固河內王奐親善而鄙賈偉節郭林宗焉（謝承書曰奐字子昌河內武德人明五經負笈追業常賃灌園恥交埶利爲考城令遷漢陽太守徵拜議郎卒）奐後爲考城令境接外黃屢遣書請冉冉不至及奐遷漢陽太守將行冉乃與弟協步齎麥酒於道側設壇以待之冉見奐車徒駱驛遂不自聞惟與弟共辯論於路奐識其聲卽下車與相揖對奐曰行路倉卒非陳契闊之所可共前亭宿息以敘分隔冉曰子前在考城思欲相從以賤質自絕豪友耳今子遠適千里會面無期故輕行相候以展訣別如其相追將有慕貴之譏矣便起告違拂衣而去奐瞻望弗及冉長逝不顧桓帝時以冉爲萊蕪長（萊蕪縣屬泰山郡故城在今淄川縣東南）遭母憂不到官後辟太尉府以狷急不

能從俗常佩韋於朝史記曰西門豹性急佩韋以自緩議者欲以爲侍御史因遁身逃命於梁沛之閒徒行敝服賣卜於市遭黨人禁錮遂推鹿車載妻子捃拾自資袁山松書曰冉去官嘗使兒捃麥得五斛鄰人尹臺遺之一斛囑兒莫道冉後知郎令并送六斛言麥已雜矣遂誓不敢受或寓息客廬或依宿樹蔭如此十餘年乃結草室而居焉所止單陋有時絕粒窮居自若言貌無改閭里歌之曰甑中生塵范史雲釜中生魚范萊蕪及黨禁解爲三府所辟乃應司空命是時西羌反叛黃巾作難制諸府掾屬不得妄有去就制制書也冉首自劾退詔書特原不理罪又辟太尉府以疾不行中平二年年七十四卒於家臨命遺令敕其子曰吾生於昏闇之世值乎淫侈之俗生不得匡世濟時死何忍自同於世氣絕便斂斂以時服衣足蔽形棺足周身斂畢便穿穿畢便埋其明堂之奠禮送死者衣曰明衣器曰明器鄭玄注云明者神明之也此言明堂亦神明之堂謂壙中也干飯寒水飲食之物勿有所下墳封高下令足自隱前書劉向曰延陵季子葬子其高可隱音義云謂人立可隱肘

(也隱音於靳反)知我心者李子堅王子炳也(李子堅李固也)今皆不在制之在爾勿令鄉人宗親有所加也於是三府各遣令史奔弔大將軍何進移書陳留太守累行論諡僉曰宜爲貞節先生(諡法清白守節曰貞好廉自剋曰節也)會葬者二千餘人刺史郡守各爲立碑表墓焉

戴就字景成會稽上虞人也仕郡倉曹掾揚州刺史歐陽參奏太守成公浮臧罪遣部從事薛安案倉庫簿領收就於錢唐縣獄幽因考掠五毒參至就慷慨直辭色不變容又燒鋘斧使就挾於肘腋(鋘從吳毛詩云不吳不敖何承天纂文曰臿今之鋘也張揖字詁云臿刃也鋘音華按說文字林三蒼並無鋘字)就語獄卒可熟燒斧勿令冷每上彭考(彭郎旁也)因止飯食不肯下肉焦毀墮地者掇而食之(掇拾也丁活反)主者窮竭酷慘無復餘方乃臥就覆船下以馬通薰之(本草經云馬通馬矢也)一夜二日皆謂已死發船視之就方張眼大罵曰何不益火而使滅絕又復燒地以大鍼刺指爪中使以把土爪悉墮落主者以狀

白安安呼見就謂曰太守罪穢狼籍受命考實君何故㠯骨肉拒扞邪就據地答言太守剖符大臣當㠯死報國卿雖銜命固宜申斷冤毒奈何誣枉忠良彊相掠理令臣謗其君子證其父薛安庸騃忸行無義（忸忕也猶言慣習騃音吾楷反）就考死之日當白之於天與羣鬼殺汝於亭中如蒙生全當手刃相裂安深奇其壯節即解械更與美談表其言辭解釋郡事徵浮還京師免歸鄉里太守劉寵舉就孝廉光祿主事病卒（風俗通曰光祿奉盼上就為主事）

趙苞字威豪甘陵東武城人（今貝州武城縣）從兄忠為中常侍苞深恥其門族有宦官名埶不與忠交通初仕州郡舉孝廉再遷廣陵令視事三年政教清明郡表其狀遷遼西太守抗厲威嚴名振邊俗㠯到官明年遣使迎母及妻子垂當到郡道經柳城（柳城縣屬遼西郡故城在今營州南）值鮮卑萬餘人入塞寇鈔苞母及妻子遂為所劫質載㠯擊郡苞率步

騎二萬與賊對陣賊出母以示苞苞悲號謂母曰為子無狀欲以微祿奉養朝夕不圖為母作禍昔為母子今為王臣義不得顧私恩毀忠節唯當萬死無以塞罪母遥謂曰威豪人各有命何得相顧以虧忠義昔王陵母對漢使伏劒以固其志爾其勉之苞即時進戰賊悉摧破其母妻皆為所害苞殯斂母畢自上歸葬靈帝遣策弔慰封鄃侯鄃今貝州縣也音式揄反苞葬訖謂鄉人曰食祿而避難非忠也殺母以全義非孝也如是有何面目立於天下遂歐血而死

向栩字甫興河內朝歌人向長之後高士傳向長向字作尚也少為書生性卓詭不倫恒讀老子狀如學道又似狂生好被髮著絳綃頭說文綃生絲也從糸肖聲音消案此字當作幧音此消反其字從巾古詩云少年見羅敷脫巾著幧頭鄭玄注儀禮云如今著幓頭自項中而前交額上卻繞髻也常於竈北坐板牀上如是積久板乃有膝踝足指之處不好語言而喜長嘯賓客從就輒伏而不視有弟子名為顏淵子貢季路冉有之輩或騎驢入市

乞匄於人或悉要諸乞兒俱歸止宿爲設酒食時人莫能測之郡禮請辟舉孝廉賢良方正有道公府辟皆不到又與彭城姜肱京兆韋著並徵栩不應後特徵到拜趙相及之官時人謂其必當脫素從儉（脫易簡素）而栩更乘鮮車御良馬世疑其始僞及到官略不視文書舍中生蒿萊徵拜侍中每朝廷大事侃然正色百官憚之會張角作亂栩上便宜頗譏刺左右不欲國家興兵但遣將於河上北向讀孝經賊自當消滅中常侍張讓讒栩不欲令國家命將出師疑與角同心欲爲內應收送黄門北寺獄殺之

諒輔字漢儒廣漢新都人也仕郡爲五官掾（百官志曰每州皆置諸曹掾史有功曹史主選署功勞有五官掾署功曹及諸曹事）時夏大旱太守自出祈禱山川連日而無所降輔乃自暴庭中慷慨呪曰輔爲股肱不能進諫納忠薦賢退惡和調陰陽承順天意至令天地否隔萬物焦枯百姓喁喁無所訴告咎盡在輔

今郡太守改服責己爲民祈福精誠懇到未有感徹輔今敢自祈請若至日中不雨乞㠯身塞無狀於是積薪柴聚茭茅㠯自環（茭乾草也）搆火其傍將自焚焉未及日中時而天雲晦合須臾澍雨一郡霑潤世㠯此稱其至誠

劉翊字子相潁川潁陰人也家世豐產常能周施而不有其惠曾行於汝南界中有陳國張季禮遠赴師喪遇寒冰車毀頓滯道路翊見而謂曰君慎終赴義行宜速達卽下車與之不告姓名自策馬而去季禮意其子相也後故到潁陰還所假乘翊閉門辭行不與相見常守志臥疾不屈聘命河南种拂臨郡引爲功曹翊㠯拂名公之子（拂暠之子也）乃爲起焉拂㠯其擇時而仕甚敬任之陽翟黃綱恃程夫人權力求占山澤㠯自營植拂召翊問曰程氏貴盛在帝左右不聽則恐見怨與之則奪民利爲之奈何翊曰名山大澤不

㠯封益爲民也禮記曰名山大澤不以封明府聽之則被佞倖之名矣若㠯此獲禍貴子申甫則自㠯不孤也申甫拂之子拂從翊言遂不與之乃舉翊爲孝廉不就後黃巾賊起郡縣飢荒翊救給乏絶資其食者數百人鄉族貧者死亡則爲具殯葬嫠獨則助營妻娶寡婦爲嫠無夫曰獨獻帝遷都西京翊舉上計掾是時寇賊興起道路隔絶使驛稀有達者翊夜行晝伏乃到長安詔書嘉其忠勤特拜議郎遷陳留太守翊散所握珍玩唯餘車馬自載東歸出關數百里見士大夫病亡道次翊㠯馬易棺脫衣斂之又逢知故困餒於路不忍委去因殺所駕牛㠯救其乏衆人止之翊曰視沒不救非志士也遂俱餓死

王烈字彥方魏志烈字彥考太原人也少師事陳寔㠯義行稱鄉里有盜牛者主得之盜請罪曰刑戮是甘乞不使王彥方知也烈聞而使人謝之遺布一端或問其故烈曰盜懼吾聞其過是有恥惡之心既

懷恥惡必能改善故以此激之後有老父遺劒於路行道一人見而守之至暮老父還尋得劒怪而問其姓名以事告烈烈使推求乃先盜牛者也諸有爭訟曲直將質之於烈或至塗而反或望廬而還其以德感人若此察孝廉三府並辟皆不就遭黃巾董卓之亂乃避地遼東夷人尊奉之太守公孫度接以昆弟之禮魏志曰公孫度字叔濟本遼東襄平人度父延避吏居玄菟任為郡吏時玄菟太守公孫域子豹年十八早死度少時名豹又與域子同年域見親哀之遣就師學為娶妻後舉有道除尚書郎遼東太守訪酬政事欲以為長史烈乃為商賈自穢得免曹操聞烈高名遣徵不至建安二十四年終於遼東年七十八

贊曰乘方不忒臨義罔惑忒差也言獨行之人乘履方正不差二也惟此剛絜果行育德易蒙卦象曰君子以果行育德也

獨行傳第七十一　後漢書八十一

方術列傳第七十二上

後漢書八十二

唐章懷太子賢注

仲尼稱易有君子之道四焉，曰卜筮者尚其占（易繫辭曰以言者尚其辭以動者尚其變以制器者尚其象以卜筮者尚其占）。占也者，先王所㠯定禍福，決嫌疑，幽贊於神明，遂知來物者也（易說卦曰聖人之作易也幽贊於神明而生蓍繫辭曰無有遠近幽深遂知來物）。若夫陰陽推步之學，往往見於墳記矣（左傳曰履端於始舉正於中歸餘於終尚書曰歷象日月星辰也）。然神經怪牒、玉策金繩，關扄於明靈之府，封縢於瑤壇之上者，靡得而闚也。至乃河洛之文，龜龍之圖（尚書中候曰堯沈璧於洛玄龜負書背中赤文朱字止壇舜禮壇於河畔沈璧禮畢至於下昃黃龍負卷舒圖出水壇畔），箕子之術（箕子說洪範五行陰陽之術也），師曠之書（占災異之書也今書七志有師曠六篇），緯候之部（緯七經緯也候尚書中候也），鈐決之符（兵法有玉鈐篇及玄女六韜要決曰太公對武王曰主將有陰符有大勝得敵之符符長一尺有破軍禽敵之符符長九寸有降城得邑之符符長八寸有卻敵執遠之符符長七寸有交兵驚中堅守之符符長六寸有請糧食益兵之符符長五寸有敗軍亡將之符符長四寸有失亡吏卒之符符長三寸諸奉使行符稽留若符事聞聞符所告者皆誅），皆所㠯探抽冥賾，參驗人區，時有可聞者焉（小爾雅曰賾深也區域也）。其流又有風角、遁甲、七政、元氣、六日七分逢占日者挺專須臾孤虛之術風角六日七分解竝見郎顗傳遁甲推六甲之陰而隱遁也今書七志有遁甲經七政日月五星之政也元氣者謂開闢陰陽之書曰河圖曰元氣闓陽爲天前書班固曰東方朔之逢占覆射音義云逢人所問而占之也日者卜筮掌日之術也史記司馬季主爲日者挺專折竹卜也楚辭曰索瓊茅以筳專注云筳八段竹也楚人名結草折竹曰專筳音大盌反須臾陰陽吉凶立成之法也今書七志有武王須臾一卷孤虛者孤謂六甲之孤辰若甲子旬中戌亥無干是爲孤也對孤爲虛前書藝文志有風后孤虛二十卷及望雲省氣推處祥妖時亦有以效於事也望雲解見明帝紀省氣者觀城郭人畜氣以占之也而斯道隱遠玄與難原故聖人不語怪神罕言性命論語曰子不語怪力亂神又曰子罕言利與命與仁或開末而抑其端論語曰孔子有疾子路請禱子曰丘之禱久矣鄭玄注云明素恭肅於鬼神且順子路之言也或曲辭以章其義易曰探賾索隱鉤深致遠定天下之吉凶成天下之亹亹者莫善於蓍龜也所謂民可使由之不可使知之論語孔子之言也鄭玄注云由從也言王者設教務使人從之若皆知其本末則愚者或輕而不行漢自武帝頗好方術前書武帝時李少翁欒大等竝以方術見少翁拜文成將軍欒大拜五利將軍貴震天下而海上燕齊之士莫不搤腕而自言有禁方矣抵側擊也天下懷協道藝之士莫不負策抵掌順風而屆焉後王莽矯用符命及光武尤信讖言士之赴趣時宜者皆馳騁穿鑿爭談之也故王梁孫咸名應圖籙越登槐鼎之任光武以赤伏符文拜梁爲大司空又以讖文拜孫咸爲大司馬見景丹傳鄭興賈逵以附同

稱顯桓譚尹敏以乖忤淪敗各見本傳自是習為內學尚奇文貴異數不乏於時矣內學謂圖讖之書也其事祕密故稱內是以通儒碩生忿其姦妄不經奏議慷慨以為宜見藏擯謂桓譚賈逵張衡之流也各見本傳子張亦云觀陰陽之書使人拘而多忌蓋為此也司馬遷字子長其父太史公論六家之要曰觀陰陽之術太詳而眾忌使人拘而多畏見史記也夫物之所偏未能無蔽雖云大道其硋或同硋音五愛反若乃詩之失愚書之失誣然則數術之失至於詭俗乎如令溫柔敦厚而不愚斯深於詩者也疏通知遠而不誣斯深於書者也禮記曰其為人也溫柔敦厚詩教也疏通知遠書教也詩之失愚書之失誣鄭玄注詩敦厚近愚書知遠近誣也極數知變而不詭俗斯深於數術者也易曰極數知來之謂占又曰知變化之道者其知神之所為乎故曰苟非其人道不虛行易繫辭之文也意者多迷其統取遺頗偏甚有雖流宕過誕亦失也取遺謂信與不信也陰陽之術或信或不信各有所執故偏頗也以為甚有者雖流宕失中過稱虛誕者亦為失也中世張衡為陰陽之宗郎顗咎徵最密餘亦班班名家焉謂襄楷蔡邕楊厚等也其徒亦有雅才偉德未必體極藝能今蓋糾其推變尤長可以弘補時事因

合表之云表顯也

任文公巴郡閬中人也閬中今隆州縣父文孫明曉天官風角祕要文公少修父術州辟從事哀帝時有言越巂太守欲反刺史大懼遣文公等五從事檢行郡界潛伺虛實共止傳舍時暴風卒至文公遽起白諸從事促去當有逆變來害人者因起駕速驅諸從事未能自發郡果使兵殺之文公獨得免後爲治中從事時天旱白刺史曰五月一日當有大水其變已至不可防救宜令吏人豫爲其備刺史不聽文公獨儲大船百姓或聞頗有爲防者到其日旱烈文公急命促載使白刺史刺史笑之日將中天北雲起須臾大雨至餔時湔水涌起十餘丈酈元水經注云湔水出綿道玉壘山在今益州湔音子延反突壞廬舍所害數千人文公遂以占術馳名辟司空掾平帝即位稱疾歸家王莽篡後文公推數推歷運之數也知當大亂乃課家人負物百斤環舍趨走日數十時人莫

知其故後兵寇竝起其逃亡者少能自脫惟文公大小負糧捷步（捷健也）恐得完免遂奔子公山十餘年不被兵革公孫述時蜀武擔石折（武擔山在今益州成都縣北百二十步揚雄蜀王本紀云武都丈夫化爲女子顔色美絶蓋山精也蜀王納以爲妃無幾物故乃發卒之武都擔土葬於城都郭中號曰武擔以石作鏡一枚表其墓華陽國志曰王哀念之遣五丁之武都擔土爲妃作冢蓋地數畝高七丈其石俗今名爲石筍）文公曰噫西州智士死我乃當之自是常會聚子孫設酒食後三月果卒故益部爲之語曰任文公智無雙

郭憲字子文汝南宋人也（續漢志汝南郡有宋公國周名郪丘漢改爲新郪章帝建初四年徙宋公於此）少師事東海王仲子時王莽爲大司馬召仲子仲子欲往憲諫曰禮有來學無有往教之義（禮記曰禮聞來學不聞往教）今君賤道畏貴竊所不取仲子曰王公至重不敢違之憲曰今正臨講業且當訖事仲子從之日晏乃往莽問君來何遲仲子具以憲言對莽陰奇之及後篡位拜憲郎中賜以衣服憲受衣焚之逃於東海之濱莽深忿恚討逐不知所在光

武卽位求天下有道之人乃徵憲拜博士再遷建武七年代張堪
爲光祿勳從駕南郊憲在位忽回向東北含酒三潠（埤蒼曰潠噴也音巽）執法
奏爲不敬（執法糺劾之官也）詔問其故憲對曰齊國失火故以此厭之後齊
果上火災與郊同日八年車駕西征隗囂憲諫曰天下初定車駕
未可以動憲乃當車拔佩刀以斷車靷（靷在馬胸音胤）帝不從遂上隴其後
潁川兵起乃回駕而還帝歎曰恨不用子橫之言時匈奴數犯塞
帝患之乃召百僚廷議憲以爲天下疲敝不宜動衆諫爭不合乃
伏地稱眩瞀不復言（瞀亂也）帝令兩郎扶下殿憲亦不拜帝曰常聞關
東觥觥郭子橫竟不虛也（觥觥剛直之貌音古橫反）憲遂以病辭退卒於家

許楊字偉君汝南平輿人也少好術數王莽輔政召爲郎稍遷酒
泉都尉及莽篡位楊乃變姓名爲巫醫逃匿它界莽敗方還鄉里
汝南舊有鴻郤陂（陂在今豫州汝陽縣東）成帝時丞相翟方進奏毀敗之建武中

太守鄧晨欲修復其功聞楊曉水脈召與議之楊曰昔成帝用方進之言（前書翟方進奏壞鴻郤陂）尋而自夢上天天帝怒曰何故敗我濯龍淵是後民失其利多致飢困時有謠歌曰敗我陂者翟子威飴我大豆亨我芋魁（方進字子威芋魁芋根也前書飴作飯亨作羹）反乎覆陂當復昔大禹決江疏河以利天下明府今興立廢業富國安民童謠之言將有徵於此誠願以死效力晨大悅因署楊爲都水掾使典其事楊因高下形埶起塘四百餘里數年乃立（塘堤堰水也）百姓得其便累歲大稔初豪右大姓因緣陂役競欲辜較在所楊一無聽遂共譖楊歲取賕賂晨遂收楊下獄而械輒自解獄吏恐遽白晨晨驚曰果濫矣太守聞忠信可以感靈今其效乎即夜出楊遣歸時天大陰晦道中若有火光照之時人異焉後以病卒晨於都宮爲楊起廟圖畫形像百姓思其功績皆祭祀之

高獲字敬公汝南新息人也爲人尼首方面尼首首象尼丘山中下四方高也少遊學京師與光武有舊師事司徒歐陽歙歙下獄當斷獲冠鐵冠帶鈇鑕詣闕請歙帝雖不赦而引見之謂曰敬公朕欲用子爲吏宜改常性獲對曰臣受性於父母不可改之於陛下出便辭去三公爭辟不應後太守鮑昱請獲既至門令主簿就迎主簿曰但使騎吏迎之獲聞之卽去昱遣追請獲獲顧曰府君但爲主簿所欺不足與談遂不留時郡境大旱獲素善天文曉遁甲能役使鬼神昱自往問何以致雨獲曰急罷三部督郵續漢書曰監屬縣有三部每部督郵書掾一人明府當自北出到三十里亭雨可致也昱從之果得大雨每行縣輒軾其閭軾所以禮之禮記曰軾視馬尾也獲遂遠遁江南卒於石城石城在今蘇州西南石城人思之共爲立祠

王喬者河東人也顯宗世爲葉令喬有神術每月朔望常自縣詣

臺朝帝怪其來數而不見車騎密令太史伺望之言其臨至輒有雙鳧從東南飛來於是候鳧至舉羅張之但得一隻舄焉乃詔上方訴視（說文曰訴亦視也音眞咨反）則四年中所賜尚書官屬履也每當朝時葉門下鼓不擊自鳴聞於京師後天下玉棺於堂前吏人推排終不搖動喬曰天帝獨召我邪乃沐浴服飾寢其中蓋便立覆宿昔葬於城東土自成墳其夕縣中牛皆流汗喘乏而人無知者百姓乃爲立廟號葉君祠牧守每班錄皆先謁拜之（王喬墓在今葉縣東）吏人祈禱無不如應若有違犯亦立能爲祟帝乃迎取其鼓置都亭下略無復聲焉或云此卽古仙人王子喬也（劉向列仙傳曰王子喬周靈王太子晉也好吹笙作鳳鳴遊伊洛閒道士浮丘公接上嵩山二十餘年後來於山上告桓良曰告我家七月七日待我緱氏山頭果乘白鶴駐山巔望之不得到舉手謝時人而去）

謝夷吾字堯卿會稽山陰人也少爲郡吏學風角占候太守第五倫擢爲督郵時烏程長有臧釁倫使收案其罪夷吾到縣無所驗

但望閤伏哭而還一縣驚怪不知所爲及還白倫曰竊㠯占候知長當死近至十日遠不過六十日遊魂假息非刑所加故不收之倫聽其言至月餘果有驛馬齎長印綬上言暴卒倫㠯此益禮信之謝承書曰倫甚崇其道德轉署主簿使子從受春秋夷吾待之如師弟子之禮時或遊戲不肯讀書便白倫行罰遂成其業也舉孝廉爲壽張令謝承書曰縣人女子張雨早喪父母年五十有肯嫁留養孤弟二人教其學問各得通經雨皆爲嫂娶皆成善士夷吾薦於州府使各選舉表復雨門戶永平十五年蝗發泰山流徙郡國荐食五穀過壽張界飛逝不集稍遷荊州刺史謝承書曰夷吾雅性明遠能決斷罪疑行部始到南陽縣遇孝章皇帝巡狩駕幸魯陽有詔敕荊州刺史入傳錄見囚徒誡長吏勿廢舊儀朕將覽焉上臨西廂南面夷吾處東廂分帷隔中央夷吾所決正一縣三百餘事事與上合而朝廷歎息曰諸州刺史盡如此者朕不憂天下常以勵郡臣遷鉅鹿太守所在愛育人物有善績及倫作司徒令班固爲文薦夷吾曰臣聞堯登稷契政隆太平舜用皋陶政致雍熙殷周雖有高宗昌發之君猶賴傅說呂望之策故能克崇其業允協大中尚書洪範曰皇建其有極孔安國注云皇大極中也竊見鉅鹿太守會稽謝夷吾出自東州厥土塗泥而英資挺特奇偉秀出才兼四科行包九德四科見文苑傳尚書咎繇陳九德曰寬而栗愿而恭亂而敬柔而立擾而毅直而溫

簡而廉，剛而塞，彊而義也。仁足濟時，知周萬物，加㠯少膺儒雅，韜含六籍，推考星度，綜校圖錄，探賾聖祕，觀變歷徵，占天知地，與神合契，據其道德，㠯經王務。昔爲陪隸，與臣從事，奮忠毅之操，躬史魚之節，董臣嚴綱，勗臣懦弱，董，督也。勗，勵也。得㠯免戾，寔賴厥勳。及其應選作宰，惠敷百里，降福彌異，流化若神。爰牧荆州，威行邦國，奉法作政，有周召之風。居儉履約，紹公儀之操。史記公儀休相魯，拔園葵，去織婦，不與人爭利。尋功簡能，爲外臺之表；聽聲察實，爲九伯之冠。左傳曰五侯九伯，杜預注云九州之伯也。遷守鉅鹿，政合時雍。德量績謀，有伊呂管晏之任；闡弘道奧，同史蘇京房之倫。左傳史蘇，晉太史善筮者。京房字君明，善陰陽占候，見前書。雖密勿在公，而身出心隱，不殉名㠯求譽，不馳騖㠯要寵，念存遜遁，演志箕山，方之古賢，實有倫序，採之於今，超然絶俗，誠社稷之元龜，大漢之棟甍。尚書曰：「格人元龜，罔敢知吉。」元，大也。甍亦棟也。宜當拔擢，使登鼎司，上令三辰順軌於歷象，下使五品咸訓於嘉時，五品，五常之教也，謂父義、母慈、兄友、弟恭、子孝也。訓，順也。必致休徵克昌之慶，非徒循法奉職而已。臣以頑駑，器非其疇，疇類也。尸祿負乘，夕惕若厲。易曰：「負且乘，致寇至。」又曰：「夕惕若厲。」言君子終日乾乾，至于夕猶怵惕戒懼，若危厲。願乞骸骨，更授夷吾，上以光七曜之明，下以厭率土之望，庶令微臣塞咎免悔。」後以行春乘柴車，從兩吏，柴車，賤車也。冀州刺史上其儀序失中，有損國典，左轉下邳令。豫剋死日，如期果卒。敕其子曰：「漢末當亂，必有發掘露骸之禍。」使懸棺下葬，墓不起墳。墓謂塋域，墳謂築土。時博士勃海郭鳳亦好圖讖，善說災異吉凶占應。先自知死期，豫令弟子市棺斂具，至其日而終。棺音古亂反。

楊由字哀侯，蜀郡成都人也。少習易，并七政、元氣、風雲占候。為郡文學掾。時有大雀夜集於庫樓上，太守廉范以問由。由對曰：「此占郡內當有小兵，然不為害。」後二十餘日，廣柔縣蠻夷反，殺傷長吏，廣柔縣屬蜀郡，故城在今茂州汶川縣也。郡發庫兵擊之。又有風吹削哺，哺當作柹，音孚廢反。顏氏家訓曰：「削，木札也。」左傳曰：「削而投之。」

是也史家假借爲肝肺字今俗或作脯或作爲反哺之哺學士因云是屏障之名非也風角書曰庶人之風揚塵轉削若是屏障何由可轉太守以問由由對曰方當有薦木實者其色黃赤頃之五官掾獻橘數包由嘗從人飲敕御者曰酒若三行便宜嚴駕既而趣去後主人舍有鬭相殺者人請問何以知之由曰向社中木上有鳩鬭此兵賊之象也其言多驗著書十餘篇名曰其平終於家

李南字孝山丹陽句容人也句容今潤州縣也近句曲山有所容因名焉少篤學明於風角和帝永元中太守馬稜坐盜賊事被徵當詣廷尉吏民不寧南特通謁賀稜意有恨謂曰太守不德今將即罪而君反相賀邪南曰旦有善風明日中時應有吉問故來稱慶旦日稜延望景晏以爲無徵至晡乃有驛使齎詔書原停稜事南問其遲留之狀使者曰向度宛陵浦里航宛陵縣屬丹陽郡航以舟濟水也馬踠足是以不得速踠屈損也稜乃服焉後舉有道辟公府病不行終於家南女亦曉家術爲由拳縣人妻晨

詣爨室卒有暴風婦便上堂從姑求歸辭其二親姑不許乃跪而泣曰家世傳術疾風卒起先吹竈突及井北禍爲婦女主爨者妾將亡之應因著其亡日乃聽還家如期病卒

李郃字孟節漢中南鄭人也父頡吕儒學稱官至博士郃襲父業遊太學通五經善河洛風星外質朴人莫之識縣召署幕門候吏和帝卽位分遣使者皆微服單行各至州縣觀採風謠使者二人當到益部投郃候舍時夏夕露坐郃因仰觀問曰二君發京師時寧知朝廷遣二使邪二人默然驚相視曰不聞也問何吕知之郃指星示云有二使星向益州分野故知之耳（前書觜觽參益州之分野也）後三年其使者一人拜漢中太守郃猶爲吏太守奇其隱德召署戶曹史時大將軍竇憲納妻天下郡國皆有禮慶郡亦遣使郃進諫曰竇將軍椒房之親不修禮德而專權驕恣危亡之禍可翹足而待願明

府一心王室勿與交通太守固遣之郃不能止請求自行許之郃遂所在留遲以觀其變行至扶風而憲就國自殺支黨悉伏其誅凡交通憲者皆爲免官唯漢中太守不豫焉郃歲中舉孝廉五遷尚書令又拜太常元初四年代袁敞爲司空數陳得失有忠臣節在位四年坐請託事免安帝崩北鄉侯立復爲司徒及北鄉侯病郃陰與少府河南陶範步兵校尉趙直謀立順帝會孫程等事先成故郃功不顯明年坐吏民疾病仍有災異賜策免將作大匠翟輔上郃潛圖大計以安社稷於是錄陰謀之功封郃涉都侯辭讓不受年八十餘卒於家門人上黨馮胄獨制服心喪三年時人異之家語曰仲尼既葬弟子皆家於墓行心喪之禮三年喪畢或去或留也胄字世威奉世之後也奉世字子明宣帝時爲前將軍見前書也常慕周伯況閔仲叔之爲人隱處山澤不應徵辟郃子固已見前傳

弟子歷字季子清白有節博學善交與鄭玄陳紀等相結爲新城

長政貴無爲亦好方術時天下旱縣界特雨官至奉車都尉

段翳字元章廣漢新都人也習易經明風角時有就其學者雖未至必豫知其姓名嘗告守津吏曰某日當有諸生二人荷擔問翳舍處者幸爲告之後竟如其言又有一生來學積年自謂略究要術辭歸鄉里翳爲合膏藥并以簡書封於筒中告生曰有急發視之生到葭萌與吏爭度津吏檛破從者頭生開筒得書言到葭萌與吏鬬頭破者以此膏裹之生用其言創者即愈生歎服乃還卒業翳遂隱居竄跡終於家

廖扶字文起（廖音力弔反又音力救反）汝南平輿人也習韓詩歐陽尚書教授常數百人父爲北地太守永初中坐羌沒郡下獄死扶感父以法喪身憚爲吏及服終而歎曰老子有言名與身孰親吾豈爲名乎遂絕志世外專精經典尤明天文讖緯風角推步之術州郡公府辟召

皆不應就問災異亦無所對扶逆知歲荒乃聚穀數千斛悉用給宗族姻親又斂葬遭疫死亡不能自收者常居先人冢側未曾入城市太守謁煥（謁姓也）先爲諸生從扶學後臨郡未到先遣吏修門人之禮又欲擢扶子弟固不肯當時人因號爲北郭先生年八十終於家二子孟舉偉舉竝知名

折像字伯式廣漢雒人也其先張江者封折侯曾孫國爲鬱林太守徙廣漢因封氏焉國生像國有貲財二億家僮八百人像幼有仁心不殺昆蟲不折萌芽能通京氏易好黄老言及國卒感多藏厚亡之義（老子曰多藏必厚亡也）乃散金帛資產周施親疏或諫像曰君三男兩女孫息盈前當增益產業何爲坐自殫竭乎像曰昔鬭子文有言我乃逃禍非避富也（國語曰楚成王每出子文之祿必逃王止而後復人謂子文曰人生求富而子逃之何也子文曰夫從政者以庇人也人多曠者而我取富是勤人以自封也死無日矣我逃死不逃富）吾門戶殖財日久盈滿之咎道家所忌（老子曰持而盈之不如其

巳金玉滿堂莫之能守今世將衰子又不才不仁而富謂之不幸左傳曰善人富謂之牆幸淫人富謂之殃
隙而高其崩必疾也智者聞之咸服焉自知亡日召賓客九族飲
食辭訣忽然而終時年八十四家無餘資諸子衰劣如其言云
樊英字季齊南陽魯陽人也少受業三輔習京氏易兼明五經又
善風角星算河洛七緯推步災異七緯者易緯稽覽圖乾鑿度坤靈圖通卦驗是類謀辨終備也書緯璇璣鈐考靈耀刑德放帝命驗運期授也詩緯推度災記歷樞含神務也禮緯含文嘉稽命徵斗威儀也樂緯動聲儀稽耀嘉汁圖徵也孝經緯援神契鉤命決也春秋緯演孔圖元命包文耀鉤運斗樞感精符合誠圖考異郵保乾圖漢含孳佑助期握誠圖潛潭巴說題辭隱於壺山之陽山在今鄧州新城縣北即張衡南都賦云天封大狐是也受業者四方而
至州郡前後禮請不應公卿舉賢良方正有道皆不行嘗有暴風
從西方起英謂學者曰成都市火甚盛因含水西向漱之乃令記
其日時客後有從蜀都來云是日大火有黑雲卒從東起須臾大雨
火遂得滅於是天下稱其術藝安帝初徵爲博士至建光元年復
詔公車賜策書徵英及同郡孔喬謝承書曰喬字子松宛人也學古人尚書春秋左氏傳常幽居修志鋭意典籍至乃歷年身不

出門鄉里莫得瞻見公車徵不行卒於家也李昺謝承書曰炳字子然鄭人也篤行好學不羨榮祿習魯詩京氏易室家相待如賓州郡前後禮請不應舉茂才除召陵令不到官公車徵不行卒也北海郎宗謝承書曰宗字仲綏安丘人也善京氏易風角星算推步吉凶常負笈荷擔賣卜給食瘠服間行人莫得知安帝詔公車徵策文曰郎宗李昺孔喬等前比徵命未肯降意恐主者玩弄禮意不備使難進易退之人龍潛不屈其身徵致嘉禮遣詣公車將以補察國政輔朕之不逮青州被詔書遣宗詣公車對策陳災異而爲諸儒之表拜議郎除吳令到官一月時卒暴風宗占以爲京師有大火定火發時果如宗言諸公聞之上博士徵宗恥以占事就徵文書未到夜懸印綬置廳上遁去終於家子顗自有傳陳留楊倫見儒林傳東平王輔六人謝承書曰輔字公助平陸人也學公羊傳援神契嘗隱居野廬以道自娛辟公府舉有道對策拜郎中陳災異輒吉凶有驗拜議郎以病遜安帝公車徵不行卒於家唯郎宗楊倫到洛陽英等四人竝不至永建二年順帝策書備禮玄纁徵之復固辭疾篤乃詔切責郡縣駕載上道英不得已到京稱病不肯起乃强輿入殿猶不以禮屈帝怒謂英曰朕能生君能殺君能貴君能賤君能富君能貧君君何以慢朕命英曰臣受命於天生盡其命天也死不得其命亦天也陛下焉能生臣焉能殺臣臣見暴君如見仇讎立其朝猶不肯可得而貴乎雖在布衣之列環堵之中環堵面一堵也莊子曰原憲居環堵之中也晏然自得不易萬乘之尊

又可得而賤乎陛下焉能貴臣焉能賤臣臣非禮之祿雖萬鍾不受若申其志雖簞食不厭也簞笥也論語曰顏回在陋巷之中一簞食一瓢飲陛下焉能富臣焉能貧臣帝不能屈而敬其名使出就大醫養疾月致羊酒至四年三月天子乃爲英設壇席令公車令導尚書奉引賜几杖待以師傅之禮延問得失英不敢辭拜五官中郎將數月英稱疾篤詔以爲光祿大夫賜告歸令在所送穀千斛常以八月致牛一頭酒三斛如有不幸祠以中牢英辭位不受有詔譬旨勿聽英初被詔命僉以爲必不降志及後應對又無奇謨深策談者以爲失望謝承書曰南郡王逸素與英善因與其書多引古譬喻勸使就聘英順逸議談者失望也初河南張楷與英俱徵既而謂英曰天下有二道出與處也吾前以子之出能輔是君也濟斯人也而子始以不訾之身怒萬乘之主及其享受爵祿又不聞匡救之術進退無所據矣英既善術朝廷每有災異詔輒下問變復之效所言多

驗變災異復於常也初英著易章句世名樊氏學以圖緯教授潁川陳寔少從英學嘗有疾妻遣婢拜問英下牀答拜寔怪而問之英曰妻齊也共奉祭祀禮無不答禮記曰凡非弔喪非見國君無不答拜其恭謹若是年七十餘卒於家孫陵靈帝時以諂事宦人爲司徒陳郡郤巡學傳英業官至侍中

論曰漢世之所謂名士者其風流可知矣雖弛張趣舍時有未純於刻情修容依倚道蓺以就其聲價非所能通物方弘時務也易曰方以類聚物以羣分及徵樊英楊厚朝廷若待神明至竟無它異英名最高毀最甚李固朱穆等以爲處士純盜虛名無益於用故其所以然也然而後進希之以成名世主禮之以得衆原其無用亦所以爲用則其有用或歸於無用矣何以言之夫煥乎文章時或乖用本乎禮樂適末或疎文章雖美時敝則不用也禮樂誠貴代末則廢及其陶搢紳藻心性使由之而不知

者豈非道邈用表乖之數跡乎言文章禮樂其道邈遠出於常用之表不可以數跡求也而或者忽不踐之地賒無用之功莊子曰惠子謂莊子曰子言無用莊子曰知無用而始可與言用矣夫地非不廣且大也人之所用容足耳然則側足而塹之致黃泉人尚有用乎惠子曰無用莊子曰然則無用之爲用也亦明矣塹猶掘也至乃誚諃遠術賤斥國華遠術謂禮樂國華謂懷道隱逸之士也㠯爲力詐可㠯救淪敝文律足㠯致寍平智盡於猜察道足於法令雖濟萬世其將與夷狄同也前書大人賦曰雖濟萬代不足以喜孟軻有言曰㠯夏變夷不聞變夷於夏況有未濟者乎

方術列傳第七十二上

後漢書八十二

方術列傳第七十二下

後漢書八十二下

唐章懷太子賢注

唐檀字子産豫章南昌人也少遊太學習京氏易韓詩顔氏春秋尤好災異星占後還鄉里教授常百餘人元初七年郡界有芝草生太守劉祗欲上言之以問檀檀對曰方今外戚豪盛陽道微弱斯豈嘉瑞乎祗乃止永寧元年南昌有婦人生四子祗復問檀變異之應檀以爲京師當有兵氣其禍發於蕭牆論語孔子曰吾恐季孫之憂不在顓臾而在蕭牆之內蕭肅也謂屏牆也言人臣至屏無不肅敬也至延光四年中黃門孫程揚兵殿省揚舉也誅皇后兄車騎將軍閻顯等立濟陰王爲天子果如所占永建五年舉孝廉除郎中是時白虹貫日檀因上便宜三事陳其咎徵書奏棄官去著書二十八篇名爲唐子卒於家

公沙穆字文乂北海膠東人也家貧賤自爲兒童不好戲弄長習

韓詩公羊春秋尤銳思河洛推步之術居建成山中依林阻爲室獨宿無侶時暴風震雷有聲於外呼穆者三穆不與語有頃呼者自牖而入音狀甚怪穆誦經自若終亦無它妖異時人奇之後遂隱居東萊山學者自遠而至有富人王仲致產千金謂穆曰方今之世以貨自通吾奉百萬與子爲資何如對曰來意厚矣夫富貴在天得之有命以貨求位吾不忍也謝承書曰穆嘗養猪猪有病使人賣之於市語之言如售當告買者言病賤取其直不可言無病欺人取貴價也賣猪者到市即售亦不言病其直過價穆怪之問其故齎半直追以還買猪人告語言猪實病欲賤賣不圖賣者人相欺乃取貴直買者言賣買私約亦復辭錢不取穆終不受錢而去也後舉孝廉以高第爲主事遷繒相繒縣屬琅邪郡故城在今沂州承縣東北時繒侯劉敞東海恭王之後也所爲多不法廢嫡立庶傲很放恣穆到官謁曰臣始除之日京師咸謂臣曰繒有惡侯以弔小相明侯何因得此醜聲之甚也幸承先人之支體傳茅土之重不戰戰兢兢而違越法度故朝廷使臣爲輔願改往修來自求多福乃上沒敞所侵

官民田地廢其庶子還立嫡嗣其蒼頭兒客犯法皆收考之因苦辭諫敞敞涕泣爲謝多從其所規遷弘農令縣界有螟蟲食稼百姓惶懼穆乃設壇謝曰百姓有過罪穆之由請以身禱於是暴雨既霽而螟蟲自銷百姓稱曰神明永壽元年霖雨大水三輔以東莫不湮沒穆明曉占候乃豫告令百姓徙居高地故弘農人獨得免害遷遼東屬國都尉善得吏人歡心年六十六卒官六子皆知名（謝承書曰穆子孚字允慈亦爲善士舉孝廉尚書侍郎召陵令上谷太守也）

許曼者汝南平輿人也祖父峻字季山善卜占之術多有顯驗時人方之前世京房自云少嘗篤病三年不愈乃謁太山請命（太山主人生死故詣請命也）行遇道士張巨君授以方術所著易林至今行於世曼少傳峻學桓帝時隴西太守馮緄始拜郡開綬笥有兩赤蛇分南北走緄令曼筮之卦成曼曰三歲之後君當爲邊將官有東名當東北

行三千里復五年更爲大將軍南征延熹元年緄出爲遼東太守討鮮卑至五年復拜車騎將軍擊武陵蠻賊皆如占其餘多此類云

趙彥者琅邪人也少有術學延熹三年琅邪賊勞丙與太山賊叔孫無忌殺都尉攻沒琅邪屬縣殘害吏民朝廷以南陽宗資爲討寇中郎將杖鉞將兵督州郡合討無忌彥爲陳孤虛之法以賊屯在莒莒有五陽之地謂城陽南武陽開陽陽都安陽並近莒宜發五陽郡兵郡名有陽謂山陽廣陽漢陽南陽丹陽郡之類也從孤擊虛以討之資具以狀上詔書遣五陽兵到彥推遁甲教以時進兵一戰破賊燔燒屯塢徐兗二州一時平夷

樊志張者漢中南鄭人也博學多通隱身不仕嘗遊隴西時破羌將軍段熲出征西羌請見志張其夕熲軍爲羌所圍數重因留軍中三日不得去夜謂熲曰東南角無復羌宜乘虛引出住百里還

師攻之可吕全勝頻從之果吕破賊於是吕狀表聞又說其人旣有梓愼焦董之識（焦延壽董仲舒）宜翼聖朝咨詢奇異於是有詔特徵會病終

單颺字武宣山陽湖陸人也吕孤特淸苦自立善明天官算術舉孝廉稍遷太史令侍中出爲漢中太守公事免後拜尚書卒於官初熹平末黃龍見譙光祿大夫橋玄問颺此何祥也颺曰其國當有王者興不及五十年龍當復見此其應也魏郡人殷登密記之至建安二十五年春黃龍復見譙其冬魏受禪

韓說字叔儒會稽山陰人也博通五經尤善圖緯之學舉孝廉與議郎蔡邕友善數陳災眚及奏賦頌連珠稍遷侍中光和元年十月說言於靈帝云其晦日必食乞百官嚴裝帝從之果如所言中平二年二月又上封事剋期宮中有災至日南宮大火遷說江夏

太守公事免年七十卒於家

董扶字茂安廣漢綿竹人也少遊太學與鄉人任安齊名俱事同郡楊厚學圖讖還家講授弟子自遠而至前後宰府十辟公車三徵再舉賢良方正博士有道皆稱疾不就靈帝時大將軍何進薦扶徵拜侍中甚見器重扶私謂太常劉焉曰京師將亂益州分野有天子氣焉信之遂求出爲益州牧扶亦爲蜀郡屬國都尉相與入蜀去後一歲帝崩天下大亂乃去官還家年八十二卒後劉備稱天子於蜀皆如扶言蜀丞相諸葛亮問廣漢秦密董扶及任安所長密曰董扶褒秋毫之善貶纖芥之惡任安記人之善忘人之過云蜀志曰密字子勑廣漢綿竹人也少有才學州郡辟命輒稱疾不往或謂密曰足下欲自比巢許四皓何故揚文藻見瓌穎乎密答曰僕文不能盡言言不能盡意何文藻之有揚乎虎生而文炳鳳生而五色豈以采自飾畫哉性自然也先主既定益州故漢太守夏纂請密爲師友祭酒領五官掾稱曰仲父密稱疾臥在第舍尋拜左中郎將長水校尉吳使張溫大敬服密之文辯遷大司農而卒

郭玉者廣漢雒人也初有老父不知何出常漁釣於涪水因號涪翁乞食人間見有疾者時下鍼石輒應時而效乃著鍼經診脈法傳於世（診候也音直刃反）弟子程高尋求積年翁乃授之高亦隱跡不仕玉少師事高學方診六微之技陰陽隱側之術和帝時爲太醫丞多有效應帝奇之仍試令嬖臣美手腕者與女子雜處帷中使玉各診一手問所疾苦玉曰左陰右陽脈有男女狀若異人臣疑其過帝歎息稱善玉仁愛不矜雖貧賤廝養必盡其心力而醫療貴人時或不愈帝乃令貴人羸服變處一鍼即差召玉詰問其狀對曰醫之爲言意也腠理至微（腠理皮膚之間也韓子曰扁鵲見晉桓矦曰君有病在腠理也）隨氣用巧鍼石之間毫芒即乖神存於心手之際可得解而不可得言也夫貴者處尊高以臨臣臣懷怖懾以承之其爲療也有四難焉自用意而不任臣一難也將身不謹二難也骨節不彊不能使藥三難也好逸

惡勞四難也鍼有分寸時有破漏分寸淺深之度破漏日有衝破者也重㠯恐懼之心加㠯裁慎之志臣意且猶不盡何有於病哉此其所㠯爲不愈也帝善其對年老卒官

華佗字元化佗音徒何反沛國譙人也一名旉旉音孚遊學徐土兼通數經曉養性之術年且百歲而猶有壯容時人㠯爲仙沛相陳珪舉孝廉太尉黃琬辟皆不就精於方藥處齊不過數種齊音才計反心識分銖不假稱量鍼灸不過數處若疾發結於內鍼藥所不能及者乃令先㠯酒服麻沸散既醉無所覺因刳破腹背抽割積聚若在腸胃則斷截湔洗除去疾穢既而縫合傅㠯神膏四五日創愈一月之間皆平復佗別傳曰人有見山陽太守廣陵劉景宗說數見華佗見其療病平脈之候其驗若神琅邪劉勳爲河內太守有女年幾二十左脚膝裏上有瘡癢而不痛創發數十日愈愈已復發如此七八年迎佗使視佗曰易療之當得稻糠色犬一頭好馬二匹以繩繫犬頸使走馬牽犬馬極輒易計馬走犬三十餘里犬不能行復令步人拖曳計向五十餘里乃以藥飲女女即安臥不知人因取犬斷腹近後脚之前所斷之處向創口令去二二寸停之須臾有若蛇者從創中出便以鐵錐橫貫蛇頭蛇在皮中搖動良久須臾不動牽出長

三尺所純是蛇但有眼處而無童子又逆鱗耳以膏散處創中七日愈又有人苦頭眩頭不得舉
目不得視積年佗使悉解衣倒懸令頭去地一二寸濡布拭身體令周匝候視諸脈盡出五色佗
令弟子數人以鈹刀決脈五色血盡視赤血出乃下以膏摩被覆汗出周匝飲以亭歷犬血散立
愈又有婦人長病經年世謂寒熱注病者也冬十一月中佗令坐石槽中旦用寒水汲灌云當滿
百始七八灌戰欲死灌者懼欲止佗令滿數至將八十灌熱氣乃蒸出囂囂高二三尺滿百灌佗
乃然火溫牀厚覆良久汗洽出著粉汗燥便愈又有人病腹中半切痛十餘日中須眉墮落佗曰
是脾半腐可刳腹養療也佗使飲藥令臥破腹視脾
半腐壞刳去惡肉以膏傅創飲之藥百日平復也
佗嘗行道見有病咽塞者咽喉也
因語之曰向來道隅有賣餅人萍齏甚酸詩義疏曰蘋瀋水上浮萍麤大者謂之蘋小者爲萍季春始生可糝
蒸爲茹又可苦酒淹就酒也魏志及本草並作蒜齏也
可取三升飲之病自當去即如佗言立吐一蛇
乃懸於車而候佗時佗小兒戲於門中逆見自相謂曰客車邊有
物必是逢我翁也及客進顧視壁北懸蛇以十數乃知其奇魏志曰故甘陵
相夫人有身六月腹痛不安佗視脈曰胎已死使人手摸知所在在左則男在右則女云在左於
是爲湯下之果下男形即愈縣吏尹代苦四肢煩口中乾不欲聞人聲小便不利佗曰試作熱食
得汗即愈不汗後三日死即作熱食而不汗出佗曰藏氣已絕於內當啼泣而絕果如佗言府吏
倪尋李延共止俱頭痛身熱所苦正同佗曰尋當下之延當延汗或難其異佗曰尋外實延內實
故療之宜殊即各與
藥明旦並起者也
又有一郡守篤病久佗以爲盛怒則差乃多受其貨
而不加功無何棄去又留書罵之太守果大怒令人追殺佗不及

因瞋恚吐黑血數升而愈又有疾者詣佗求療佗曰君病根深因當剖破腹然君壽亦不過十年病不能相殺也病者不堪其苦必欲除之佗遂下療應時愈十年竟死廣陵太守陳登忽患匈中煩懣面赤不食佗脈之曰府君胃中有蟲欲成內疽腥物所爲也卽作湯二升再服須臾吐出三升許蟲頭赤而動半身猶是生魚膾所苦便愈佗曰此病後三朞當發遇良醫可救登至期疾動時佗不在遂死曹操聞而召佗常在左右操積苦頭風眩佗鍼隨手而差有李將軍者妻病呼佗視脈佗曰傷身而胎不去將軍言聞實傷身胎巳去矣佗曰按脈胎未去也將軍曰爲不然妻稍差百餘日復動更呼佗佗曰脈理如前是兩胎先生者去血多故後兒不得出也胎旣巳死血脈不復歸必燥著母脊乃爲下鍼幷令進湯婦因欲產而不通佗曰死胎枯燥埶不自生使人探之果得死胎

人形可識但其色已黑佗之絕技皆此類也佗別傳曰有人病腳躄不能行佗切脈便使解衣點背數十處相去一寸或五寸從邪不相當言灸此各七壯灸創愈即行也後灸愈灸處夾脊一寸上下行端直均調如引繩也爲人性惡難得意且耻以醫見業又去家思歸乃就操求還取方因託妻疾數期不反操累書呼之又敕郡縣發遣佗恃能厭事猶不肯至操大怒使人廉之廉察也知妻詐疾乃付收獄訊考驗首服荀彧請曰佗方術實工人命所懸宜加全宥操不從竟殺之佗臨死出一卷書與獄吏曰此可以活人吏畏法不敢受佗不強與索火燒之初軍吏李成苦欬晝夜不寐佗以爲腸癰與散兩錢服之即吐二升膿血於此漸愈乃戒之曰後十八歲疾當發動若不得此藥不可差也復分散與之後五六歲有里人如成先病請藥甚急成愍而與之乃故往譙更從佗求適值見收意不忍言後十八年成病發無藥而死廣陵吳普彭城樊阿皆從佗學普依準佗療多所全濟佗語普曰人體欲

得勞動但不當使極耳動搖則穀氣得銷血脈流通病不能生譬猶戶樞終不朽也是㠯古之仙者爲導引之事熊經鴟顧熊經若熊之攀枝自懸也鴟顧身不動而迴顧也莊子曰吐故納新熊經鳥身此導引之士養形之人也引挽腰體動諸關節㠯求難老吾有一術名五禽之戲一曰虎二曰鹿三曰熊四曰猨五曰鳥佗別傳曰吳普從佗學微得其力魏明帝呼之使爲禽戲普以年老手足不能相及粗以其法語諸醫普今年將九十耳不聾目不冥牙齒完堅飲食無損亦㠯除疾兼利蹏足㠯當導引體有不快起作一禽之戲怡而汗出因㠯著粉身體輕便而欲食普施行之年九十餘耳目聰明齒牙完堅阿善鍼術凡醫咸言背及匈藏之間不可妄鍼鍼之不可過四分而阿鍼背入一二寸巨闕匈藏乃五六寸而病皆瘳阿從佗求方可服食益於人者佗授㠯漆葉青黏散佗別傳曰青黏者一名地節一名黃芝主理五藏益精氣本出於迷入山者見仙人服之以告佗佗以爲佳語阿阿又祕之近者人見阿之壽而氣力強盛怪之遂責所服食因醉亂誤道之法一施人多服者皆有大驗本字書無黏字相傳音女廉反然今人無識此者甚可恨惜漆葉屑一斗青黏十四兩㠯是爲率言久服去三蟲利五藏輕體使人頭

不白阿從其言壽百餘歲淶棐處所而有靑麯生於豐沛彭城及朝歌間漢世異術之士甚衆雖云不經而亦有不可誣故簡其美者列於傳末

泠壽光唐虞魯女生三人者皆與華佗同時壽光年可百五六十歲行容成公御婦人法列仙傳曰容成公者能善補導之事取精於玄牝其要谷神不死守生養氣者也髮白復黑齒落復生御婦人之術謂握固不寫還精補腦也常屈頸鷮息鷮音居妖反毛詩曰有集唯鷮毛長注曰鷮雉也山海經曰女几之山多白鷮郭璞曰似雉長尾走且鳴也須髮盡白而色理如三四十時死於江陵唐虞道赤眉張步家居里落若與相及死於鄉里不其縣魯女生數說顯宗時事甚明了議者疑其時人也董卓亂後莫知所在漢武內傳曰魯女生長樂人初餌胡麻及朮絶穀八十餘年日少壯色如桃花日能行三百里走及麞鹿傳世見之云三百餘年後采藥嵩高山見一女人曰我三天太上侍官也以五岳眞形與之并告其施行女生道成一日與知友故人别云入華山去後五十年先相識者逢女生華山廟前乘白鹿從玉女三十人并令謝其鄉里親故人也

徐登者閩中人也閩中地今泉州也本女子化爲丈夫善爲巫術又趙炳字

公阿東陽人能爲越方東陽今婺州也抱朴子曰道士趙炳以氣禁人人不能起禁虎虎伏地低頭閉目便可執縛以大釘釘柱入尺許以氣吹之釘即躍出射去如弩箭之發異苑云趙侯以盆盛水吹氣作禁魚龍立見越方善禁呪也時遭兵亂疾疫大起二人遇於烏傷溪水之上酈元注水經曰吳寧溪出吳寧縣經烏傷謂之烏傷溪在今婺州義烏縣東也遂結言約共以其術療病各相謂曰今既同志且可各試所能登乃禁溪水水爲不流炳復次禁枯樹樹即生荑易曰枯楊生荑注云荑者楊之秀也二人相視而笑共行其道焉登年長炳師事之貴尚淸儉禮神唯以東流水爲酌削桑皮爲脯但行禁架所療皆除禁架即禁術也後登物故炳東入章安縣名屬會稽郡本名回浦光武改爲章安故城在今台州臨海縣東南百姓未之知也炳乃故升茅屋梧鼎而爨主人見之驚懅梧支也懅怖也炳笑不應旣而爨孰屋無損異又嘗臨水求度船人不和之和猶許也俗本作知者誤也炳乃張蓋坐其中長嘯呼風亂流而濟於是百姓神服從者如歸章安令惡其惑衆收殺之人爲立祠室於永康至今蚊蚋不能入也炳故祠在今婺州永康縣東俗呼爲趙侯祠至今蚊蚋不入祠所江南猶傳趙侯禁法以療病云

費長房者汝南人也曾爲市掾市中有老翁賣藥懸一壺於肆頭及市罷輒跳入壺中市人莫之見唯長房於樓上覩之異焉因往再拜奉酒脯翁知長房之意其神也謂之曰子明日可更來長房旦日復詣翁翁乃與俱入壺中唯見玉堂嚴麗旨酒甘肴盈衍其中共飲畢而出翁約不聽與人言之後乃就樓上候長房曰我神僊之人以過見責今事畢當去子寧能相隨乎樓下有少酒與卿爲別長房使人取之不能勝又令十人扛之猶不舉說文曰兩人對舉爲扛音江翁聞笑而下樓以一指提之而上視器如一升許而二人飲之終日不盡長房遂欲求道而顧家人爲憂顧念也翁乃斷一青竹度與長房身齊使懸之舍後家人見之卽長房形也以爲縊死大小驚號遂殯葬之長房立其傍而莫之見也於是遂隨從入深山踐荊棘於羣虎之中留使獨處長房不恐又臥於空室以朽索懸萬斤石於

心上衆虵競來齧索且斷長房亦不移翁還撫之曰子可教也復使食糞糞中有三蟲臭穢特甚長房意惡之翁曰子幾得道恨於此不成如何長房辭歸翁與一竹杖曰騎此任所之則自至矣旣至可以杖投葛陂中也陂在今豫州新蔡縣西北又爲作一符曰以此主地上鬼神長房乘杖須臾來歸自謂去家適經旬日而已十餘年矣即以杖投陂顧視則龍也家人謂其久死不信之長房曰往日所葬但竹杖耳乃發冢剖棺杖猶存焉遂能醫療衆病鞭笞百鬼及驅使社公或在它坐獨自恚怒人問其故曰吾責鬼魅之犯法者耳汝南歲歲常有魅僞作太守章服詣府門椎鼓者郡中患之時魅適來而逢長房謁府君惶懼不得退便前解衣冠叩頭乞活長房呵之云便於中庭正汝故形卽成老鼈大如車輪頸長一丈長房復令就太守服付其一札以敕葛陂君魅叩頭流涕持札植於陂邊

自頸繞之而死後東海君來見葛陂君因淫其夫人於是長房劾繫之三年而東海大旱長房至海上見其人請雨乃謂之曰東海君有罪吾前繫於葛陂今方出之使作雨也於是雨立注長房曾與人共行見一書生黃巾被裘無鞍騎馬下而叩頭長房曰還他馬赦汝罪人問其故長房曰此狸也盜社公馬耳又嘗坐客而使至宛市鮓須臾還乃飯或一日之間人見其在千里之外者數處焉後失其符爲衆鬼所殺

薊子訓者不知所由來也建安中客在濟陰宛句今曹州縣句音劬有神異之道嘗抱隣家嬰兒故失手墮地而死其父母悲號怨痛不可忍聞而子訓唯謝曰過誤終無它說遂埋藏之後月餘子訓乃抱兒歸焉父母大恐曰死生異路雖思我兒乞不用復見也兒識父母軒渠笑悅欲往就之母不覺攬取乃實兒也雖大喜慶心猶有疑

乃竊發視死兒但見衣被方乃信焉於是子訓流名京師士大夫皆承風向慕之後乃駕驢車與諸生俱詣許下道過滎陽止主人舍而所駕之驢忽然卒僵蛆蟲流出主遽白之子訓曰乃爾乎方安坐飯食畢徐出以杖扣之驢應聲奮起行步如初即復進道其追逐觀者常有千數既到京師公卿以下候之者坐上恒數百人皆為設酒脯終日不匱後因遁去遂不知所止初去之日唯見白雲騰起從旦至暮如是數十處時有百歲翁自說童兒時見子訓賣藥於會稽市顏色不異於今後人復於長安東霸城見之與一老翁共摩挲銅人酈元水經注曰魏文帝黃初元年徙長安金狄重不可致因留霸城南相謂曰適見鑄此已近五百歲矣史記秦始皇二十六年於咸陽鑄金人十二各重千斤至此四百二十餘年顧視見人而去猶駕昔所乘驢車也見者呼之曰薊先生小住並行應之並猶且也音蒲鄧反視若遲徐而走馬不及於是而絕

劉根者潁川人也隱居嵩山中諸好事者自遠而至就根學道太守史祈以根爲妖妄乃收執詣郡數之曰汝有何術而誣惑百姓若果有神可顯一驗事不爾立死矣根曰實無它異頗能令人見鬼耳祈曰促召之使太守目覩爾乃爲明根於是左顧而嘯有頃祈之亡父祖近親數十人皆反縛在前向根叩頭曰小兒無狀分當萬坐顧而叱祈曰汝爲子孫不能有益先人而反累辱亡靈可叩頭爲吾陳謝祈驚懼悲哀頓首流血請自甘罪坐根嘿而不應忽然俱去不知在所

左慈字元放廬江人也少有神道嘗在司空曹操坐操從容顧衆賓曰今日高會珍羞略備所少吳松江鱸魚耳松江在今蘇州東南首受太湖神仙傳云松江出好鱸魚味異它處元放於下坐應曰此可得也因求銅盤貯水以竹竿餌釣於盤中須臾引一鱸魚出操大拊掌笑會者皆驚操曰一魚不周坐

席可更得乎放乃更餌鉤沈之須臾復引出皆長三尺餘生鮮可愛操使目前鱠之周浹會者操又謂曰既已得魚恨無蜀中生薑耳放曰亦可得也操恐其近即所取因曰吾前遣人到蜀買錦可過敕使者增市二端語頃即得薑還并獲操使報命後操使蜀反驗問增錦之狀及時日早晚若符契焉後操出近郊士大夫從者百許人慈乃爲齎酒一升脯一斤手自斟酌百官莫不醉飽操怪之使尋其故行視諸鑪悉亡其酒脯矣鑪猶肆也操懷不喜喜音許吏反因坐上欲收殺之慈乃卻入壁中霍然不知所在或見於市者又捕之而市人皆變形與慈同莫知誰是後人逢慈於陽城山頭因復逐之遂入走羊羣操知不可得乃令就羊中告之曰不復相殺本試君術耳忽有一老羝屈前兩膝人立而言曰遽如許言何遽如許爲事即競往赴之而羣羊數百皆變爲羝竝屈前膝人立云遽如許遂莫知所取焉

魏文帝典論論郤儉等事曰潁川郤儉能辟穀餌伏苓甘陵甘始名善行氣老而少容廬江左慈知補導之術並爲軍吏初儉至之所伏苓價暴貴數倍議郎安平李覃學其辟穀食伏苓飲寒水水寒中泄利殆至殞命後始來衆人無不鴟視狼顧呼吸吐納軍祭酒弘農董芬爲之過差氣閉不通良久乃蘇左慈到又競受其補導之術至寺人嚴峻往從問受奄豎真無事於斯術也人之逐聲乃至於是也

許子勳者不知何郡縣人皆謂數百歲行來於人間一旦忽言日中當死主人與之葛衣子勳服而正寢至日中果死

上成公者密縣人也其初行久而不還後歸語其家云我已得僊因辭家而去家人見其舉步稍高良久乃沒云陳寔韓韶同見其事

解奴辜張貂者亦不知是何郡國人也皆能隱淪出入不由門戶奴辜能變易物形以誑幻人又河南有麴聖卿善爲丹書符劾厭殺鬼神而使命之又有編盲意亦與鬼物交通編姓也盲意名初章帝時有壽光侯者壽姓也風俗通曰壽於姚吳大夫能劾百鬼衆魅令自縛見形其鄉人有婦

爲魅所病矦爲劾之得大虵數丈死於門外又有神樹人止者輒死鳥過者必墜矦復劾之樹盛夏枯落見大虵長七八丈懸死其間帝聞而徵之乃試問之吾殿下夜半後常有數人絳衣被髮持火相隨豈能劾之乎矦曰此小怪易銷耳帝僞使三人爲之矦劾三人登時仆地無氣帝大驚曰非魅也朕相試耳解之而蘇

甘始東郭延年（漢武內傳曰延年字公游）封君達三人者皆方士也率能行容成御婦人術或飲小便或自倒懸愛嗇精氣不極視大言甘始元放延年皆爲操所錄問其術而行之（曹植辯道論曰甘始者老而有少容自諸術士咸共歸之然始辭繁寡實頗切怪言余嘗辟左右獨與之言問其所行溫顏以誘之美辭以導之始語余言本師姓韓字雅嘗與師於南海作金前後數四投數萬斤金於海又言諸梁時西域胡來獻香罽腰帶割玉刀時悔不取也又言車師之西國兒生擘背出脾欲其食少而怒行也又言取鯉魚五寸一雙令其一著藥投沸膏中有藥奮尾鼓鰓游行沈浮有若處淵其一者已熟而可噉余時問言寧可試不言是藥去此踰萬里當出塞始不自行不能得也言不盡於此頗難悉載故粗舉其巨怪者始若遭秦始皇漢武帝則復徐市欒大之徒也）君達號青牛師（漢武帝內傳曰封君達隴西人初服黃連五十餘年入鳥舉山服水銀百餘年還鄉里如二十者常乘青牛故號青牛道士聞有病死者識與不識便以腰間竹管中藥與服或下鍼應手皆愈不以姓名語人聞魯女生得五岳圖連

年請求女主未見授并告節度二百餘歲乃入玄丘山去凡此數人皆百餘歲及二百歲也

王眞郝孟節者皆上黨人也王眞年且百歲視之面有光澤似未五十者自云周流登五岳名山悉能行胎息胎食之方嗽舌下泉咽之不絕房室漢武内傳曰王眞字叔經上黨人習閉氣而吞之名曰胎息習嗽舌下泉而咽之名曰胎食眞行之斷穀二百餘日肉色光美力並數人抱朴子曰胎息者能不以鼻口噓噏如在胎之中嗽音朔孟節能含棗核不食可至五年十年又能結氣不息身不動搖狀若死人可至百日半年亦有室家爲人質謹不妄言似士君子曹操使領諸方士焉

北海王和平性好道術自以當仙濟南孫邕少事之從至京師會和平病殁邕因葬之東陶有書百餘卷藥數囊悉以送之後弟子夏榮言其尸解邕乃恨不取其寶書仙藥焉尸解者言將登仙假託爲尸以解化也

贊曰幽貺罕徵明數難校不探精遠曷感靈效如或遷訛實乖玄奥

方術列傳第七十二下

後漢書八十二下

後漢書八十三

唐章懷太子賢注

逸民列傳第七十三

易稱遯之時義大矣哉又曰不事王侯高尚其事是㠯堯稱則天不屈潁陽之高［潁陽謂巢許也］武盡美矣終全孤竹之絜［孤竹謂夷齊也］自兹㠯降風流彌繁長往之軌未殊而感致之數匪一 或隱居㠯求其志或回避㠯全其道［論語孔子曰隱居以求其志行義以達其道求志謂長沮桀溺全道若薛方詭對王莽也］或靜己㠯鎮其躁［謂逢萌之類也］或去危㠯圖其安［四皓之類也］或垢俗㠯動其槩［謂申徒狄鮑焦之流也］或疵物㠯激其清［梁鴻嚴光之流］然觀其甘心畎畒之中憔悴江海之上［莊子曰舜以天下讓北人無擇無擇曰異哉后之爲人也居於畎畒之中而遊堯之門不若是而已又曰就藪澤處間曠此江海之士避代之人閒暇者之所好也］豈必親魚鳥樂林草哉亦云性分所至而已［分音符問反］故蒙恥之賓屢黜不去其國［列女傳曰柳下惠死其妻誄之曰蒙恥救人德彌大兮雖遇三黜終不敝兮］蹈海之節千乘莫移其情［史記曰魯連謂新垣衍曰秦即爲帝則魯連蹈東海死耳魯連下聊城田單爵之魯連逃隱於海上］適使矯易去就則不能相爲矣［人各有所尚不能改其志孔子問長沮桀溺之言乃告子路曰天下有道丘不與易也］

彼雖硜硜有類沽名者論語曰孔子擊磬於衛有荷蕢而過孔氏之門首曰有心哉擊磬乎既而曰鄙哉硜硜乎莫己知也又子貢曰有美玉於斯藴櫝而藏諸求善價而沽諸孔子曰沽之哉沽之哉我待價者也沽謂衒賣也然而蟬蛻囂埃之中自致寰區之外異夫飾智巧以逐浮利者乎荀卿有言曰志意修則驕富貴道義重則輕王公也荀卿子之文也漢室中微王莽篡位士之藴藉義憤甚矣是時裂冠毀冕相攜持而去之者蓋不可勝數左傳曰王使詹桓伯辭於晉曰伯父若裂冠毀冕拔本塞原毛詩序曰百姓莫不相攜持而去之揚雄曰鴻飛冥冥弋者何篡焉言其違患之遠也篡字諸本或作慕法言作篡宋衷曰篡取也鴻高飛冥冥薄天雖有弋人何施巧而取也喻賢者隱處不離暴亂之害也然今人謂以計數取物爲篡篡亦取也光武側席幽人求之若不及國語曰越王夫人去笄側席而坐韋昭注云側猶特也禮憂者側席而坐前書公孫弘贊曰上方欲用文武求之如弗及旌帛蒲車之所徵賁相望於巖中矣毛詩序曰干旄美好善也其詩曰孑孑干旄在浚之城易賁卦六五曰賁于丘園束帛戔戔蒲車以蒲裹輪取其安前書武帝以蒲車徵魯申公也若薛方逢萌聘而不肯至前書薛方字子容嚴光周黨王霸至而不能屈羣方咸遂志士懷仁斯固所謂舉逸民天下歸心者乎論語文也肅宗亦禮鄭均而徵高鳳以成其節自後帝德稍衰邪孽當朝處子耿

介羞與卿相等列至乃抗憤而不顧多失其中行焉蓋錄其絶塵不反（莊子曰顏回問於仲尼曰夫子步亦步夫子趨亦趨夫子馳亦馳夫子奔軼絶塵則回瞠若乎後矣司馬彪注云言不可及也韓詩外傳曰山林之士往而不能反）同夫作者列之此篇（論語曰賢者辟代其次辟地其次辟色其次辟言子曰作者七人矣）

野王二老者不知何許人也初光武貳於更始會關中擾亂遣前將軍鄧禹西征送之於道既反因於野王獵路見二老者卽禽（卽就也易云卽鹿無虞也）光武問曰禽何向並舉手西指言此中多虎臣每卽禽虎亦卽臣大王勿往也光武曰苟有其備虎亦何患父曰何大王之謬邪昔湯卽桀於鳴條而大城於亳（帝王紀曰按孟子桀卒於鳴條乃在東夷之地或言陳留平丘今有鳴條亭也唯孔安國注尚書云鳴條在安邑西考三說之驗孔爲近之）武王亦卽紂於牧野而大城於郟鄏（杜預注左傳曰今河南也河南縣西有郟鄏陌）彼二王者其備非不深也是以卽人者人亦卽之雖有其備庸可忽乎光武悟其旨顧左右曰此隱者也將用之辭而去莫知所在

向長字子平（高士傳向字作尚）河內朝歌人也隱居不仕性尚中和好通老

易貧無資食好事者更饋焉受之取足而反其餘王莽大司空王邑辟之連年乃至欲薦之於莽固辭乃止潛隱於家讀易至損益卦喟然歎曰吾已知富不如貧貴不如賤但未知死何如生耳易損卦曰二簋可用享損益盈虛與時偕行易卦曰損上益下人說無疆也建武中男女娶嫁既畢敕斷家事勿相關當如我死也於是遂肆意與同好北海禽慶前書慶字子夏俱遊五岳名山竟不知所終

逢萌字子慶北海都昌人也家貧給事縣爲亭長時尉行過亭萌候迎拜謁既而擲楯歎曰亭長主捕盜賊故執楯也大丈夫安能爲人役哉遂去之長安學通春秋經時王莽殺其子宇前書莽隔絕平帝外家衞氏宇恐帝大後見怨以爲莽不可諫而好鬼神即夜持血灑莽第門吏發覺之莽執宇送獄飲藥而死萌謂友人曰三綱絕矣謂君臣夫婦夫子不去禍將及人即解冠挂東都城門漢宮殿名東都門今名青門也前書音義曰長安東郭城北頭第一門歸將家屬浮海客於遼東萌素明陰陽知莽將敗有頃乃首戴瓦盎盎盆也哭於市曰新乎

新乎王莽爲新都侯及篡號新室故哭之因遂潛藏及光武卽位乃之琅邪勞山在今萊州卽墨縣東南有大勞山小勞山養志修道人皆化其德北海太守素聞其高遣吏奉謁致禮萌不答太守懷憤而使捕之吏叩頭曰子慶大賢天下共聞所在之處人敬如父往必不獲祇自毀辱太守怒收之繫獄更發它吏行至勞山人果相率㠯兵弩捍禦吏被傷流血奔而還後詔書徵萌託㠯老耄迷路東西語使者云朝廷所㠯徵我者㠯其有益於政尚不知方面所在安能濟時乎卽便駕歸連徵不起㠯壽終

初萌與同郡徐房平原李子雲王君公相友善並曉陰陽懷德穢行房與子雲養徒各千人君公遭亂獨不去儈牛自隱儈謂平會兩家賣買之價時人謂之論曰避世牆東王君公嵇康高士傳曰君公明易爲郎數言事不用乃自汙與官婢通免歸詐狂儈牛口無二價也

周黨字伯況太原廣武人也家產千金少孤爲宗人所養而遇之不㠯理及長又不還其財黨詣鄉縣訟主乃歸之既而散與宗族

悉免遺奴婢遂至長安遊學初鄉佐嘗眾中辱黨黨久懷之續漢志鄉佐主收賦稅者後讀春秋聞復讐之義春秋經書紀侯大去其國公羊傳曰大去者何滅也孰滅之齊滅之曷爲不言齊滅之爲襄公諱也齊襄公九世祖哀公亨於周紀侯譖之也故襄公讐於紀九世猶可復讐乎雖百世可也便輟講而還與鄉佐相聞期剋鬭日既交刃而黨爲鄉佐所傷困頓鄉佐服其義輿歸養之數日方蘇既悟而去自此敕身修志州里稱其高及王莽竊位託疾杜門自後賊暴從橫殘滅郡縣唯至廣武過城不入建武中徵爲議郎以病去職遂將妻子居黽池復被徵不得已乃著短布單衣穀皮綃頭待見尚書以穀樹皮爲綃頭也綃頭解見向栩傳黨服此尚書以待見也及光武引見黨伏而不謁自陳願守所志帝乃許焉博士范升奏毀黨曰臣聞堯不須許由巢父而建號天下周不待伯夷叔齊而王道以成伏見太原周黨東海王良山陽王成等蒙受厚恩使者三聘乃肯就車及陛見帝廷黨不以禮屈伏而不謁偃蹇驕悍同時俱逝黨等文不能演義武不能

死君釣采華名庶幾三公之位臣願與坐雲臺之下考試圖國之道不如臣言伏虛妄之罪而敢私竊虛名誇上求高皆大不敬書奏天子以示公卿詔曰自古明王聖主必有不賓之士伯夷叔齊不食周粟太原周黨不受朕祿亦各有志焉其賜帛四十匹黨遂隱居黽池著書上下篇而終邑人賢而祠之初黨與同郡譚賢伯升鴈門殷莫君長俱守節不仕王莽世建武中徵並不到

王霸字儒仲太原廣武人也少有清節及王莽篡位棄冠帶絶交宦建武中徵到尚書拜稱名不稱臣有司問其故霸曰天子有所不臣諸侯有所不友禮記曰儒有上不臣天子下不事諸侯司徒侯霸讓位於霸閻陽毀之曰太原俗黨儒仲頗有其風遂止皇甫謐高士傳曰故梁令閻陽也前書曰太原多晉公族子孫以詐力相傾矜夸功名報仇過直漢興號為難化常擇嚴猛將或任殺伐為威父兄被誅子弟怨憤至告訐刺史二千石以病歸隱居守志茅屋蓬戶連徵不至以壽終

嚴光字子陵一名遵會稽餘姚人也少有高名與光武同遊學及光武即位乃變名姓隱身不見帝思其賢乃令以物色訪之（以其形貌求之）後齊國上言有一男子披羊裘釣澤中帝疑其光乃備安車玄纁遣使聘之三反而後至舍於北軍給牀褥太官朝夕進膳司徒侯霸與光素舊遣使奉書（皇甫謐高士傳曰霸使西曹屬侯子道奉書光不起於牀上箕踞抱膝發書讀訖問子道曰君房素癡今為三公寧小差否子道曰位已鼎足不癡也光曰遣卿來何言子道傳霸言光曰卿言不癡是非癡語也天子徵我三乃來人主尚不見當見人臣乎子道求報光曰我手不能書乃口授之使者嫌少可更足光曰買菜乎求益也）使人因謂光曰公聞先生至區區欲即詣造迫於典司是以不獲願因日暮自屈語言光不答乃投札與之口授曰君房足下位至鼎足甚善懷仁輔義天下悅阿諛順旨要領絕霸得書封奏之帝笑曰狂奴故態也車駕即日幸其館光臥不起帝即其臥所撫光腹曰咄咄子陵不可相助為理邪光又眠不應良久乃張目熟視曰昔唐堯著德巢父洗耳士故有志何至相迫乎帝曰子

陵我竟不能下女邪於是升輿歎息而去復引光入論道舊故相對累日帝從容問光曰朕何如昔時對曰陛下差增於往因共偃臥光以足加帝腹上明日太史奏客星犯御坐甚急帝笑曰朕故人嚴子陵共臥耳除爲諫議大夫不屈乃耕於富春山今杭州富陽縣也本漢富春縣避晉簡文帝鄭太后諱改曰富陽後人名其釣處爲嚴陵瀨焉顧野王輿地志曰七里瀨在東陽江下與嚴陵瀨相接有嚴山桐廬縣南有嚴子陵漁釣處今山邊有石上平可坐十人臨水名爲嚴陵釣壇也建武十七年復特徵不至年八十終於家帝傷惜之詔下郡縣賜錢百萬穀千斛

井丹字大春扶風郿人也少受業太學通五經善談論故京師爲之語曰五經紛綸井大春紛綸猶浩博也性清高未嘗修刺候人建武末沛王輔等五王居北宮皆好賓客更遣請丹不能致信陽侯陰就光烈皇后弟也以外戚貴盛乃詭說五王求錢千萬約能致丹而別使人要劫之丹不得已既至就故爲設麥飯葱葉之食丹推去之

曰吕君侯能供甘旨故來相過何其薄乎更置盛饌乃食及就起左右進輦丹笑曰吾聞桀駕人車豈此邪（帝王紀曰桀以人駕車）坐中皆失色就不得已而令去輦自是隱閉不關人事吕壽終

梁鴻字伯鸞扶風平陵人也父讓王莽時爲城門校尉封修遠伯使奉少昊後寓於此地而卒（前書莽改允吾爲修遠少昊金天氏之號炎黄帝者北地今鹽州也）鴻時尚幼吕遭亂世因卷席而葬後受業太學家貧而尚節介博覽無不通而不爲章句學畢乃牧豕於上林苑中曾誤遺火延及它舍鴻乃尋訪燒者問所去失（去亡也）悉吕豕償之其主猶吕爲少鴻曰無它財願吕身居作主人許之因爲執勤不懈朝夕隣家耆老見鴻非恒人乃共責讓主人而稱鴻長者於是始敬異焉悉還其豕鴻不受而去歸鄉里埶家慕其高節多欲女之（以女妻人也女音尼慮反）鴻竝絶不娶同縣孟氏有女狀肥醜而黑力舉石臼擇對不嫁至年三十父母問其故

女曰欲得賢如梁伯鸞者鴻聞而聘之女求作布衣麻屨織作筐緝績之具及嫁始以裝飾入門七日而鴻不答妻乃跪牀下請曰竊聞夫子高義簡斥數婦（斥遠也）妾亦偃蹇數夫矣今而見擇敢不請罪鴻曰吾欲裘褐之人可與俱隱深山者爾今乃衣綺縞傅粉墨豈鴻所願哉妻曰以觀夫子之志耳妾自有隱居之服乃更爲椎髻著布衣操作而前鴻大喜曰此眞梁鴻妻也能奉我矣字之曰德曜名孟光居有頃妻曰常聞夫子欲隱居避患今何爲默默無乃欲低頭就之乎鴻曰諾乃共入霸陵山中以耕織爲業詠詩書彈琴以自娛仰慕前世高士而爲四皓以來二十四人作頌因東出關過京師作五噫之歌曰陟彼北芒兮噫顧覽帝京兮噫宮室崔嵬兮噫人之劬勞兮噫遼遼未央兮噫肅宗聞而非之求鴻不得乃易姓運期名燿字侯光與妻子居齊魯之間有頃又去適吳

將行作詩曰逝舊邦兮遐征將遙集兮東南心惙怛兮傷悴志菲
菲兮升降爾雅詁惙怛憂也菲菲高下不定也假音丁劣反降音下江反詩曰我心則降欲乘策兮縱邁疾吾俗兮作
讒競舉枉兮措直咸先佞兮唌唌論語曰舉直措諸枉則人服舉枉措諸直則人不服唌音延讒言捷急之貌固靡
慙兮獨建冀異州兮尚賢建立也言已無慙於獨立所以適吳者冀異州之人貴尚賢德聊逍搖兮遨嬉纘
仲尼兮周流儻云覩兮我悅遂舍車兮即浮舍其車而就舟船過季札兮延
陵求魯連兮海隅雖不察兮光貌幸神靈兮與休光貌光儀也言雖不察見季札及魯連然冀幸
其神靈與之同美也惟季春兮華阜麥含含兮方秀哀茂時兮逾邁愍芳香兮
日臭茂盛也臭敗也悼吾心兮不獲長委結兮焉究委結懷恨也究窮也口囂囂兮余訕
嗟恇恇兮誰留訕謗也鄭玄注禮記曰恇恇恐也遂至吳依大家皐伯通居廡下說文曰廡堂下
周屋也釋名大屋曰廡為人賃舂每歸妻為具食不敢於鴻前仰視舉案齊眉伯
通察而異之曰彼傭能使其妻敬之如此非凡人也乃方舍之於
家鴻潛閉著書十餘篇疾且困告主人曰昔延陵季子葬子於嬴

博之間不歸鄉里愼勿令我子持喪歸去及卒伯通等爲求葬地於吳要離冢傍咸曰要離烈士而伯鸞淸高可令相近要離刺吳王僚子慶忌者冢在今蘇州吳縣西伯鸞墓在其北葬畢妻子歸扶風初鴻友人京兆高恢少好老子隱於華陰山中及鴻東遊思恢作詩曰鳥嚶嚶兮友之期毛詩曰伐木丁丁鳥鳴嚶嚶出自幽谷遷于喬木嚶其鳴矣求其友聲念高子兮僕懷思想念恢兮爰集茲二人遂不復相見恢亦高抗終身不仕高士傳曰恢字伯通

高鳳字文通南陽葉人也少爲書生家以農畝爲業而專精誦讀晝夜不息妻嘗之田曝麥於庭令鳳護鷄時天暴雨而鳳持竿誦經不覺潦水流麥妻還怪問鳳方悟之其後遂爲名儒乃敎授業於西唐山中山在今唐州湖陽縣西北酈元注水經云卽高鳳所隱之西唐山也鄰里有爭財者持兵而鬬鳳往解之不已乃脫巾叩頭固請曰仁義遜讓奈何棄之於是爭者懷感投兵謝罪鳳年老執志不倦名聲著聞太守連召請恐不得

免自言本巫家不應爲吏又詐與寡嫂訟田遂不仕建初中將作大匠任隗舉鳳直言到公車託病逃歸推其財產悉與孤兄子隱身漁釣終於家

論曰先大夫宣矦沈約宋書曰范泰字伯倫祖汪父甯宋高祖受命拜金紫光祿大夫加散騎常侍領國子祭酒多所陳諫泰博覽篇籍好爲文章愛奬後生孜孜無倦薨謚宣矦卽曄之父也嘗以講道餘隙寓乎逸士之篇至高文通傳輟而有感以爲隱者也因著其行事而論之曰古者隱逸其風尚矣潁陽洗耳恥聞禪讓許由隱於潁陽聞堯欲禪乃臨潁而洗耳孤竹長飢羞食周粟伯夷叔齊孤竹君之子不食周粟或高棲以違行或疾物以矯情雖軌迹異區其去就一也若伊人者志陵青雲之上身晦泥汙之下心名且猶不顯況怨累之爲哉與夫委體淵沙鳴弦揆日者不其遠乎委體泉沙謂屈原懷沙礫而自沈也鳴弦揆日嵇康臨刑顧日景而彈琴也論者以事迹相明故引康爲喻

臺佟字孝威佟音大冬反魏郡鄴人也隱於武安山武安縣之山也鑿穴爲居采藥

自給建初中州辟不就刺史行部乃使從事致謁佟載病往謝刺史乃執贄見佟曰嵇康高士傳曰刺史執棗栗之贄往孝威居身如是甚苦如何佟曰佟幸得保終性命存神養和如明使君奉宣詔書夕惕庶事反不苦邪遂去隱逸終不見

韓康字伯休一名恬休京兆霸陵人家世著姓常采藥名山賣於長安市口不二價三十餘年時有女子從康買藥康守價不移女子怒曰公是韓伯休那那語餘聲也音乃賀反乃不二價乎康歎曰我本欲避名今小女子皆知有我何用藥爲乃遯入霸陵山中博士公車連徵不至桓帝乃備玄纁之禮以安車聘之使者奉詔造康康不得已乃許諾辭安車自乘柴車冒晨先使者發至亭亭長以韓徵君當過方發人牛修道橋及見康柴車幅巾以爲田叟也使奪其牛康即釋駕與之有頃使者至奪牛翁乃徵君也使者欲奏殺亭長

康曰此自老子與之亭長何罪乃止康因道逃遯以壽終

矯慎字仲彥風俗通曰晉大夫矯父之後也扶風茂陵人也少學黃老隱遯山谷因穴爲室仰慕松喬道引之術與馬融蘇章鄉里竝時融以才博顯名章以廉直稱然皆推先於慎汝南吳蒼甚重之因遺書以觀其志曰仲彥足下勤處隱約雖乘雲行泥棲宿不同每有西風何嘗不歎汝南在扶風之東蓋聞黃老之言乘虛入冥藏身遠遯亦有理國養人施於爲人老子曰致虛極守靜篤又曰窈兮冥兮其中有精又曰理大國若亨小鮮又曰非所以愛人治國也至如登山絕迹神不著其證人不覩其驗吾欲先生從其可者於意何如昔伊尹不懷道以待堯舜之君孟子曰湯使人以幣聘伊尹伊尹曰我何以湯之幣聘爲哉既而幡然改曰與我處畎畝之中由是以樂堯舜之道吾豈若使是君爲堯舜之君哉豈若使是人爲堯舜之人哉方今明明四海開闢巢許無爲箕山夷齊悔入首陽足下審能騎龍弄鳳翔嬉雲間者列仙傳蕭史秦繆公時善吹簫公方弄玉好之以妻之遂教弄玉作鳳鳴居數十年吹鳳皇聲鳳來止其屋爲作鳳臺夫婦止其上一旦皆隨鳳皇飛去又曰陶安公六安冶師數行火火一旦散上紫色衝天須臾赤雀止冶上曰安公安公冶與天通七月七日迎汝以赤龍至時安公騎之

而去也亦非狐兔燕雀所敢謀也愼不答年七十餘竟不肯娶後忽歸家自言死日及期果卒後人有見愼於敦煌者故前世異之或云神仙焉愼同郡馬瑤隱於汧山以兔罝爲事罝兔網也毛詩序曰兔罝后妃之化也關雎之化行則莫不好德賢人衆多故愼以爲事焉所居俗化百姓美之號馬牧先生焉

戴良字叔鸞汝南愼陽人也曾祖父遵字子高平帝時爲侍御史王莽簒位稱病歸鄉里家富好給施尚俠氣食客常三四百人時人爲之語曰關東大豪戴子高良少誕節母憙驢鳴憙音虛記反良嘗學之以娛樂焉及母卒兄伯鸞居廬啜粥非禮不行良獨食肉飲酒哀至乃哭而二人俱有毀容或問良曰子之居喪禮乎良曰然禮所以制情佚也情苟不佚何禮之論夫食旨不甘故致毀容之實若味不存口食之可也論者不能奪之良才既高達而論議尚奇多駭流俗同郡謝季孝問曰子自視天下孰可爲比良曰我若仲

尼長東魯大禹出西羌帝王紀曰夏禹生於石紐長於西羌西夷之人也獨步天下誰與爲偶舉孝廉不就再辟司空府彌年不到州郡迫之乃遯辭詣府遯遜也悉將妻子既行在道因逃入江夏山中優游不仕以壽終初良五女竝賢每有求姻輒便許嫁疎裳布被竹笥木屐以遣之五女能遵其訓皆有隱者之風焉

法眞字高卿高一作喬扶風郿人南郡太守雄之子也好學而無常家博通內外圖典爲關西大儒弟子自遠方至者陳留范冉等數百人性恬靜寡欲不交人間事太守請見之眞乃幅巾詣謁太守曰昔魯哀公雖爲不肖而仲尼稱臣太守虛薄欲以功曹相屈光贊本朝何如眞曰以明府見待有禮故敢自同賓末若欲吏之眞將在北山之北南山之南矣太守懼然不敢復言懼音紀具反辟公府舉賢良皆不就同郡田羽薦眞曰處士法眞體兼四業謂詩書禮樂也學窮典奧幽

居恬泊樂以忘憂將蹈老氏之高縱不爲玄纁屈也臣願聖朝就加衮職毛詩曰衮職有闕謂三公也必能唱清廟之歌致來儀之鳳矣詩清廟曰於穆清廟肅雝顯相濟濟多士秉文之德尚書曰簫韶九成鳳皇來儀會順帝西巡弱又薦之帝虛心欲致前後四徵眞曰吾既不能遯形遠世豈飲洗耳之水哉遂深自隱絕終不降屈友人郭正稱之曰法正名可得聞身難得而見逃名而名我隨避名而名我追可謂百世之師者矣乃共刊石頌之號曰玄德先生年八十九中平五年以壽終

漢陰老父者不知何許人也桓帝延熹中幸竟陵過雲夢臨沔水百姓莫不觀者有老父獨耕不輟尚書郎南陽張溫異之使問曰人皆來觀老父獨不輟何也老父笑而不對溫下道百步自與言老父曰我野人耳不達斯語請問天下亂而立天子邪理而立天子邪立天子以父天下邪役天下以奉天子邪昔聖王宰世茅茨

采椽而萬人目盜韓子曰堯舜采椽不刮茅茨不翦今子之君勞人自縱逸遊無忌吾爲子羞之子何忍欲人觀之乎溫大慙問其姓名不告而去

陳留老父者不知何許人也桓帝世黨錮事起守外黃令陳留張升去官歸鄉里道逢友人共班草而言班布也升曰吾聞趙殺鳴犢仲尼臨河而反覆巢竭淵龍鳳逝而不至解見獨行傳今宦豎日亂陷害忠良賢人君子其去朝乎夫德之不建人之無援左傳曰臧文仲聞六與蓼滅曰皐陶庭堅不祀忽諸德之不建人之無援哀哉將性命之不免奈何因相抱而泣老父趨而過之植其杖太息言曰吁二丈夫何泣之悲也夫龍不隱鱗鳳不藏羽網羅高懸去將安所雖泣何及乎毛詩曰啜其泣矣何嗟及矣言雖泣而無所及矣二人欲與之語不顧而去莫知所終

龐公者南郡襄陽人也居峴山之南峴山在今襄陽縣襄陽記曰諸葛孔明每至德公家獨拜牀下德公初不令止司馬德操嘗詣德公値其渡沔上先人墓德操徑入其室呼德公妻子使速作黍徐元直向云當來就我與德公談其妻子皆羅拜於堂下奔走共設須臾德公還直入相就不知何者是客也德操年

小德公十歲兄事之呼作龐公故俗人遂謂龐公是德公名非也

未嘗入城府夫妻相敬如賓荆州刺史劉表數延請不能屈乃就候之曰夫保全一身孰若保全天下乎龐公笑曰鴻鵠巢於高林之上暮而得所棲黿鼉穴於深淵之下夕而得所宿夫趣舍行止亦人之巢穴也且各得其棲宿而已天下非所保也因釋耕於壟上而妻子耘於前表指而問曰先生苦居畎畆而不肯官祿後世何以遺子孫乎襄陽記曰德公子字山人亦有令名娶諸葛孔明姊為魏黄門吏部郎子渙晉太康中為牂柯太守龐公曰世人皆遺之以危今獨遺之以安雖所遺不同未為無所遺也表歎息而去後遂攜其妻子登鹿門山因采藥不反襄陽記曰鹿門山舊名蘇領山建武中襄陽侯習郁立神祠於山刻二石鹿夾神道口俗因謂之鹿門廟遂以廟名山也

贊曰江海冥滅山林長往遠性風疎逸情雲上道就虛全事違塵枉違遠也

逸民列傳第七十三

金陵書局仿汲古閣本刊

後漢書八十三

列女傳七十四　　後漢書八十四

唐章懷太子賢注

詩書之言女德尚矣（詩謂關雎后妃之德也書稱釐降二女于嬀汭嬪于虞尚遠也）若夫賢妃助國君之政哲婦隆家人之道高士弘清淯之風貞女亮明白之節則其徽美未殊也而世典咸漏焉故自中興以後綜其成事述爲列女篇如馬鄧梁后別見前紀梁嫕李姬各附家傳（嫕梁竦女李姬李固女也）若斯之類並不兼書餘但搜次才行尤高秀者不必專在一操而已

勃海鮑宣妻者桓氏之女也字少君宣嘗就少君父學父奇其清苦故以女妻之裝送資賄甚盛宣不悅謂妻曰少君生富驕習美飾而吾實貧賤不敢當禮妻曰大人以先生修德守約故使賤妾侍執巾櫛既奉承君子唯命是從宣笑曰能如是是吾志也妻乃悉歸侍御服飾更著短布裳與宣共挽鹿車歸鄉里拜姑禮畢提

甕出汲修行婦道鄉邦稱之宣哀帝時官至司隸校尉子永中興初爲魯郡太守永子昱從容問少君曰太夫人寧復識挽鹿車時不對曰先姑有言爾雅曰舅姑在則曰君舅君姑沒則曰先舅先姑存不忘亡安不忘危易繫辭之言也吾焉敢忘乎永昱已見前傳

太原王霸妻者不知何氏之女也霸少立高節光武時連徵不仕霸已見逸人傳妻亦美志行初霸與同郡令狐子伯爲友後子伯爲楚相而其子爲郡功曹子伯乃令子奉書於霸車馬服從雍容如也霸子時方耕於野聞賓至投耒而歸鄭玄注禮記云耒耜之上曲者也說文曰耒耜曲木見令狐子沮怍不能仰視沮喪也怍慙也霸目之有愧容客去而久臥不起妻怪問其故始不肯告妻請罪而後言曰吾與子伯素不相若向見其子容服甚光舉措有適而我兒曹蓬髮歷齒未知禮則曹輩也見客而有慙色父子恩深不覺自失耳妻曰君少修清節不顧榮祿今子

伯之貴孰與君之高奈何忘宿志而慚兒女子乎霸屈起而笑曰屈音渠勿反有是哉遂共終身隱遯

廣漢姜詩妻者同郡龐盛之女也詩事母至孝妻奉順尤篤母好飲江水水去舍六七里妻嘗泝流而汲後值風不時得還母渴詩責而遣之妻乃寄止鄰舍晝夜紡績市珍羞使鄰母以意自遺其姑如是者久之姑怪問鄰母鄰母具對姑感慚呼還恩養愈謹其子後因遠汲溺死妻恐姑哀傷不敢言而託以行學不在姑嗜魚鱠又不能獨食夫婦常力作供鱠呼鄰母共之舍側忽有涌泉味如江水每旦輒出雙鯉魚常以供二母之膳赤眉散賊經詩里弛兵而過曰驚大孝必觸鬼神時歲荒賊乃遺詩米肉受而埋之比落蒙其安全比近也落藩也永平三年察孝廉顯宗詔曰大孝入朝凡諸舉者一聽平之由是皆拜爲郎中詩尋除江陽令卒於官所居治鄉

人爲立祀

沛郡周郁妻者同郡趙孝之女也字阿少習儀訓閑於婦道而郁驕淫輕躁多行無禮郁父偉謂阿曰新婦賢者女當以道匡夫郁之不改新婦過也阿拜而受命退謂左右曰我無樊衞二姬之行列女傳曰楚莊王好田獵樊姬故不食鮮禽以諫王齊桓公好音樂衞姬不聽五音以諫公並解見文苑傳也故君以責我我言而不用君必謂我不奉教令則罪在我矣若言而見用是爲子違父而從婦則罪在彼矣生如此亦何聊哉乃自殺莫不傷之

扶風曹世叔妻者同郡班彪之女也名昭字惠班一名姬博學高才世叔早卒有節行法度兄固著漢書其八表及天文志未及竟而卒和帝詔昭就東觀臧書閣踵而成之踵繼也帝數召入宮令皇后諸貴人師事焉號曰大家每有貢獻異物輒詔大家作賦頌及鄧太后臨朝與聞政事以出入之勤特封子成關內侯官至齊相時

漢書始出多未能通者同郡馬融伏於閣下從昭受讀後又詔融兄續繼昭成之融兄名續見馬援傳永初中太后兄大將軍鄧騭以母憂上書乞身太后不欲許以問昭昭因上疏曰伏惟皇太后陛下躬盛德之美隆唐虞之政闢四門而開四聰采狂夫之瞽言納芻蕘之謀慮前書曰狂夫之言明主擇焉詩曰先人有言詢於芻蕘妾昭得以愚朽身當盛明敢不披露肝膽以効萬一妾聞謙讓之風德莫大焉故典墳述美神祇降福易曰謙尊而光又曰鬼神害盈而福謙左傳曰謙讓者德之基也昔夷齊去國天下服其廉高孟子曰聞伯夷之風者貪夫廉懦夫有立志太伯違邠孔子稱爲三讓周太王有疾太伯欲讓季歷託採藥於吳時已居周此言邠者蓋本其始而言之也所以光昭令德揚名於後者也論語曰能以禮讓爲國於從政乎何有論語孔子之言也何有言若無有由是言之推讓之誠其致遠矣今四舅深執忠孝引身自退四舅謂騭悝弘閶也而已方垂未靜拒而不許如後有豪毛加於今日謂有纖微之過則推讓之美失也誠恐推讓之名不可再得緣見逮及故敢昧死竭其愚情自知

言不足采㠯示蟲蠬之赤心太后從而許之於是隆等各還里第焉作女誡七篇有助內訓其辭曰鄙人愚暗受性不敏蒙先君之餘寵賴母師之典訓母傅母也師女師也左傳曰宋伯姬卒傳姆也毛詩曰言告師氏言告言歸年十有四執箕帚於曹氏前書呂公謂高祖曰臣有息女願為箕箒妾言執箕箒主賤役以事舅姑于今四十餘載矣戰戰兢兢常懼黜辱㠯增父母之羞㠯益中外之累中內也夙夜劬心勤不告勞而今而後乃知免耳吾性疏頑教導無素素先也恆恐子穀負辱清朝三輔決錄注曰齊相子穀頗隨時俗注云曹成壽之子也司徒椽察孝廉為長垣長母為太后師徵拜中散大夫子穀即成之字也聖恩橫加猥賜金紫漢官儀曰二千石金印紫綬實非鄙人庶幾所望也男能自謀矣吾不復㠯為憂也但傷諸女方當適人而不漸訓誨不聞婦禮懼失容它門取恥宗族吾今疾在沈滯性命無常念汝曹如此每用惆悵閒作女誡七章願諸女各寫一通庶有補益裨助汝身去矣其勖勉之去矣猶言從今已往卑弱第一古者生女三日臥之牀下弄之瓦塼而齋告焉詩小雅曰乃生女子載寢之地

載弄之瓦毛萇注曰瓦紡塼也箋云臥之於地卑之也紡塼習其所有事也臥之牀下明其卑弱主下人也弄之瓦塼明其習勞主執勤也齋告先君明當主繼祭祀也毛詩傳曰采蘋大夫妻能循法度也能循法度則可以承先祖供祭祀矣于以采蘋南澗之濱于以采藻于彼行潦于以盛之維筐及筥于以湘之維錡及釜于以奠之宗室牖下誰其尸之有齊季女三者蓋女人之常道禮法之典教矣謙讓恭敬先人後己有善莫名不自名己之善也有惡莫辭忍辱含垢常若畏懼是謂卑弱下人也晚寢早作勿憚夙夜作起也執務私事不辭劇易劇猶難也所作必成手迹整理是謂執勤也正色端操以事夫主清靜自守無好戲笑絜齊酒食以供祖宗絜清也謂食也左傳曰絜齊豐盛也是謂繼祭祀也三者苟備而患名稱之不聞黜辱之在身未之見也三者苟失之何名稱之可聞黜辱之可遠哉夫婦第二夫婦之道參配陰陽通達神明信天地之弘義人倫之大節也是以禮貴男女之際詩著關雎之義禮記曰昏禮者將合二姓之好上以事宗廟而下以繼後世也故君子重之詩關雎樂得賢女以配君子也由斯言之不可不重也夫不賢則無以御婦婦不賢則

無㠯事夫夫不御婦則威儀廢缺婦不事夫則義理墮闕墮音許規反墮廢也方斯二者其用一也察今之君子徒知妻婦之不可不御威儀之不可不整故訓其男檢㠯書傳殊不知夫主之不可不事義禮之不可不存也但教男而不教女不亦蔽於彼此之數乎禮八歲始教之書十五而至於學矣禮記曰八歲入小學獨不可依此㠯爲則哉敬愼第三

陰陽殊性男女異行陽㠯剛爲德陰㠯柔爲用男㠯彊爲貴女㠯弱爲美故鄙諺有云生男如狼猶恐其尪生女如鼠猶恐其虎然則修身莫若敬避彊莫若順故曰敬順之道婦之大禮也夫敬非它持久之謂也夫順非它寬裕之謂也持久者知止足也寬裕者尙恭下也夫婦之好終身不離房室周旋遂生媟黷媟黷既生語言過矣語言既過縱恣必作縱恣既作則侮夫之心生矣此由於不知止足者也夫事有曲直言有是非直者不能不爭曲者不能

不訟訟爭旣施則有忿怒之事矣此由於不尙恭下者也侮夫不節譴呵從之忿怒不止楚撻從之夫爲夫婦者義以和親恩以好合楚撻旣行何義之存譴呵旣宣何恩之有恩義俱廢夫婦離矣

婦行第四女有四行一曰婦德二曰婦言三曰婦容四曰婦功禮記文也夫云婦德不必才明絕異也婦言不必辯口利辭也婦容不必顏色美麗也婦功不必工巧過人也清閑貞靜守節整齊行己有恥動靜有法是謂婦德擇辭而說不道惡語時然後言不厭於人是謂婦言盥浣塵穢服飾鮮潔沐浴以時身不垢辱是謂婦容專心紡績不好戲笑潔齊酒食以奉賓客是謂婦功此四者女人之大德而不可乏之者也然爲之甚易唯在存心耳古人有言仁遠乎哉我欲仁而仁斯至矣論語孔子之言也此之謂也

專心第五禮夫有再娶之義儀禮曰父在爲母何以朞至尊在不敢伸也父必三年而後娶達子志也婦無二適之文故曰夫者天也儀禮曰夫者妻

之天也婦人不二適者猶曰不二天也天固不可逃夫固不可離也行違神祇天則罰之禮義有愆夫則薄之故女憲曰得意一人是謂永訖由斯言之夫不可不求其心然所求者亦非謂佞媚苟親也固莫若專心正色禮義居潔耳無淫聽目不邪視出無冶容入無廢飾無聚會羣輩無看視門戸此則謂專心正色矣若夫動靜輕脫視聽陜輸陜輸不定貌入則亂髮壞形出則窈窕作態窈窕妖冶之貌也說所不當道觀所不當視此謂不能專心正色矣曲從第六夫得意一人是謂永畢失意一人是謂永訖欲人定志專心之言也舅姑之心豈當可失哉物有以恩自離者亦有以義自破者也夫雖云愛舅姑云非此所謂以義自破者也然則舅姑之心奈何固莫尚於曲從矣姑云不爾而是固宜從令不爾猶不然也姑云爾而非猶宜順命勿得違戾是非爭分曲直此則所謂曲從矣故女憲曰婦如影響焉不

可賞[影響言順從也]和叔妹第七婦人之得意於夫主由舅姑之愛己也舅姑之愛己由叔妹之譽己也由此言之我臧否譽毀一由叔妹叔妹之心復不可失也皆莫知叔妹之不可失而不能和之㠯求親其蔽也哉自非聖人鮮能無過故顏子貴於能改仲尼嘉其不貳[論語孔子曰顏回不貳過易曰顏氏之子其殆庶幾乎有不善未嘗不知知之未嘗復行也]而況婦人者也雖㠯賢女之行聰哲之性其能備乎是故室人和則謗掩外內離則惡揚此必然之埶也易曰二人同心其利斷金同心之言其臭如蘭此之謂也[金物之堅者若二人同心則其利可以斷之二人既同心其芳馨如蘭也古人通謂氣為臭也]夫嫂妹者體敵而尊恩疏而義親若淑媛謙順之人[淑善也美女曰媛]則能依義㠯篤好崇恩㠯結援使徽美顯章而瑕過隱塞舅姑矜善而夫主嘉美聲譽曜於邑隣休光延於父母若夫惷愚之人於嫂則托名㠯自高於妹則因寵㠯驕盈驕盈既施何和之有恩義既乖何譽之臻是㠯美隱而過宣姑忿而

夫慍毁訾布於中外恥辱集於厥身進增父母之羞退益君子之累君子謂夫也詩曰未見君子憂心忡忡斯乃榮辱之本而顯否之基也可不慎哉然則求叔妹之心固莫尚於謙順矣謙則德之柄易繫辭之文也順則婦之行凡斯二者足㠯和矣詩云在此無惡在彼無射其斯之謂也韓詩周頌之言也射厭也射音亦毛詩射作斁也馬融善之令妻女習焉昭女妹曹豐生昭壻之妹也亦有才惠爲書㠯難之辭有可觀昭年七十餘卒皇太后素服舉哀使者監護喪事所著賦頌銘誄問注哀辭書論上疏遺令凡十六篇子婦丁氏爲撰集之又作大家讚焉

河南樂羊子之妻者不知何氏之女也羊子嘗行路得遺金一餅還㠯與妻妻曰妾聞志士不飲盜泉之水論語撰考讖曰水名盜泉仲尼不漱廉者不受嗟來之食解見文苑傳也況拾遺求利㠯汙其行乎羊子大慙乃捐金於野而遠尋師學一年來歸妻跪問其故羊子曰久行懷思無它異也

妻乃引刀趨機而言曰此機生自蠶繭成於機杼一絲而累以至於寸累寸不已遂成丈匹今若斷斯織也則捐失成功稽廢時月夫子積學當日知其所亡論語孔子曰君子日知其所亡月無忘其所能亡無也以就懿德若中道而歸何異斷斯織乎羊子感其言復還終業遂七年不返妻常躬勤養姑又遠饋羊子嘗有它舍雞謬入園中姑盜殺而食之妻對雞不餐而泣姑怪問其故妻曰自傷居貧使食有它肉姑竟棄之後盜欲有犯妻者乃先劫其姑妻聞操刀而出盜人曰釋汝刀從我者可全不從我者則殺汝姑妻仰天而歎舉刀刎頸而死盜亦不殺其姑太守聞之卽捕殺賊盜而賜妻縑帛以禮葬之號曰貞義

漢中陳文矩妻者同郡李法之姊也字穆姜有二男而前妻四子文矩爲安衆令安衆縣屬南陽郡喪於官四子以母非所生憎毀日積而穆姜慈愛溫仁撫字益隆衣食資供皆兼倍所生或謂母曰四子不

孝甚矣何不別居以遠之對曰吾方以義相導使其自遷善也及前妻長子興遇疾困篤母惻隱自然親調藥膳恩情篤密興疾久乃瘳於是呼三弟謂曰繼母慈仁出自天愛吾兄弟不識恩養禽獸其心雖母道益隆我曹過惡亦已深矣遂將三弟詣南鄭獄陳母之德狀己之過乞就刑辟縣言之於郡郡守表異其母蠲除家傜遣散四子許以修革自後訓導愈明並爲良士穆姜年八十餘卒臨終敕諸子曰吾弟伯度智達士也所論薄葬其義至矣又臨亡遺令賢聖法也前書孝文帝楊王孫龔勝臨亡並有遺令今汝曹遵承勿與俗同增吾之累諸子奉行焉

孝女曹娥者會稽上虞人也父盱能絃歌爲巫祝漢安二年五月五日於縣江泝濤迎婆娑神溺死不得屍骸娥年十四乃沿江號哭晝夜不絕聲旬有七日遂投江而死娥投衣於水祝曰父屍所在衣當沈衣隨流至一處而沈娥遂隨衣而沒衣字

或作爪見項原列女傳至元嘉元年縣長度尚改葬娥於江南道傍爲立碑焉會稽典錄曰上虞長度尚弟子邯鄲淳字子禮時甫弱冠而有異才尚先使魏朗作曹娥碑文成未出會朗見尚與之飲宴而子禮方至督酒尚問朗碑文成未朗辭不才因試使子禮爲之操筆而成無所點定朗嗟歎不暇遂毀其草其後蔡邕又題八字曰黃絹幼婦外孫齏臼

吳許升妻者呂氏之女也字榮升少爲博徒不理操行榮嘗躬勤家業以奉養其姑數勸升修學每有不善輒流涕進規榮父積忿疾升乃呼榮欲改嫁之榮歎曰命之所遭義無離貳終不肯歸升感激自厲乃尋師遠學遂以成名尋被本州辟命行至壽春道爲盜所害刺史尹耀捕盜得之榮迎喪於路聞而詣州請甘心讎人耀聽之榮乃手斷其頭以祭升靈後郡遭寇賊賊欲犯之榮踰垣走賊拔刀追之賊曰從我則生不從我則死榮曰義不以身受辱寇虜也遂殺之是日疾風暴雨雷電晦冥賊惶懼叩頭謝罪乃殯葬之

汝南袁隗妻者，扶風馬融之女也，字倫。隗已見前傳。倫少有才辯。融家世豐豪，裝遣甚盛。及初成禮，隗問之曰：「婦奉箕箒而已，何乃過珍麗乎？」對曰：「慈親垂愛，不敢逆命。君若欲慕鮑宣、梁鴻之高者，妾亦請從少君、孟光之事矣。」隗又曰：「弟先兄舉，世以爲笑。今處姊未適，先行可乎？」對曰：「妾姊高行殊邈，未遭良匹，不似鄙薄苟然而已。」又問曰：「南郡君學窮道奧，文爲辭宗，融爲南郡太守。而所在之職，輒以貨財爲損，何邪？」對曰：「孔子大聖，不免武叔之毀；子路至賢，猶有伯寮之愬。論語曰：叔孫武叔毀仲尼，子貢曰：無以爲也，它人之賢者猶丘陵焉，猶可踰也；仲尼如日月也，無得而踰焉。公伯寮愬子路於季孫，孔子曰：道之將行也與，命也；道之將廢也與，命也。公伯寮其如命何。家君獲此，固其宜耳。」隗默然不能屈，帳外聽者爲慙。隗既寵貴當時，倫亦有名於世。年六十餘卒。倫妹芝，亦有才義。少喪親，長而追感，乃作申情賦云。

酒泉龐淯母者，趙氏之女也，字娥。父爲同縣人所殺，而娥兄弟三人時俱病物故讐乃喜而自賀㠯爲莫已報也娥陰懷感憤乃潛備刀兵常帷車㠯候讐家十餘年不能得後遇於都亭刺殺之因詣縣自首曰父讐已報請就刑戮福祿長尹嘉義之解印綬欲與俱亡娥不肯去曰怨塞身死妾之明分結罪理獄君之常理何敢苟生㠯枉公法後遇赦得免州郡表其閭太常張奐嘉歎㠯束帛禮之

沛劉長卿妻者同郡桓鸞之女也鸞已見前傳生一男五歲而長卿卒妻防遠嫌疑不肯歸寧兒年十五晚又夭歿妻慮不免乃豫刑其耳㠯自誓宗婦相與愍之共謂曰若家殊無它意假令有之猶可因姑姊妹㠯表其誠何貴義輕身之甚哉對曰昔我先君五更學爲儒宗尊爲帝師五更㠯來歷代不替男㠯忠孝顯女㠯貞順稱詩云無忝爾祖聿修厥德是㠯豫自刑翦㠯明我情沛相王吉上奏高行顯其門閭號曰行義桓嫠（寡婦曰嫠）縣邑有祀必膰焉（膰祭餘肉也尊

敬之故有祭祀必致其餘也左傳曰天子有事膰焉

安定皇甫規妻者不知何氏女也規初喪室家後更娶之妻善屬文能草書時爲規荅書記衆人怪其工及規卒時妻年猶盛而容色美後董卓爲相國承其名聘以軿輜百乘馬二十匹奴婢錢帛充路妻乃輕服詣卓門跪自陳情辭甚酸愴卓使傅奴侍者悉拔刀圍之而謂曰孤之威教欲令四海風靡何有不行於一婦人乎妻知不免乃立罵卓曰君羌胡之種毒害天下猶未足邪妾之先人清德奕世皇甫氏文武上才爲漢忠臣君親非其趣使走吏乎敢欲行非禮於爾君夫人邪卓乃引車庭中以其頭懸軛鞭撲交下周禮考工記曰輈長六尺鄭衆曰謂轅端壓牛領者妻謂持杖者曰何不重乎速盡爲惠遂死車下後人圖畫號曰禮宗云

南陽陰瑜妻者潁川荀爽之女也名采字女荀聰敏有才蓺年十

七適陰氏十九產一女而瑜卒采時尚豐少常慮爲家所逼自防禦甚固後同郡郭奕喪妻爽以采許之（魏書奕字伯益壽之子也爲太子文學早卒）因詐稱病篤召采既不得已而歸懷刃自誓爽令傳婢執奪其刃扶抱載之猶憂致憤激敕衞甚嚴女既到郭氏乃僞爲歡悅之色謂左右曰我本立志與陰氏同穴而不免逼迫遂至於此素情不遂奈何乃命使建四燈盛裝飾請奕入相見共談言辭不輟奕敬憚之遂不敢逼至曙而出采因敕令左右辦浴既入室而掩戶權令侍人避之以粉書扉上曰尸還陰陰字未及成懼有來者遂以衣帶自縊左右翫之不爲意比視已絕時人傷焉

犍爲盛道妻者同郡趙氏之女也字媛姜建安五年益部亂道聚衆起兵事敗夫妻執繫當死媛姜夜中告道曰法有常刑必無生望君可速潛逃建立門戶妾自留獄代君塞咎道依違未從媛姜

便解道桎梏爲齎糧貨子翔時年五歲使道攜持而走媛姜代道持夜應對不失度道已遠乃以實告吏應時見殺道父子會赦得歸道感其義終身不娶焉

孝女叔先雄者犍爲人也父泥和永建初爲縣功曹縣長遣泥和拜檄謁巴郡太守乘船墮湍水物故尸喪不歸雄感念怨痛號泣晝夜心不圖存常有自沈之計所生男女二人並數歲雄乃各作囊盛珠環以繫兒數爲訣別之辭家人每防閑之經百許日後稍懈雄因乘小船於父墮處慟哭遂自投水死弟賢其夕夢雄告之卻後六日當共父同出至期伺之果與父相持浮於江上郡縣表言爲雄立碑圖象其形焉

陳留董祀妻者同郡蔡邕之女也名琰字文姬博學有才辯又妙於音律（劉昭幼童傳曰邕夜鼓琴絃絕琰曰第二絃邕曰偶得之耳故斷一絃問之琰曰第四絃並不差謬）適河東衛仲道夫亡無

子歸甯於家興平中天下喪亂文姬爲胡騎所獲沒於南匈奴左賢王在胡中十二年生二子曹操素與邕善痛其無嗣乃遣使者以金璧贖之而重嫁於祀祀爲屯田都尉犯法當死文姬詣曹操請之時公卿名士及遠方使驛坐者滿堂操謂賓客曰蔡伯喈女在外今爲諸君見之及文姬進蓬首徒行叩頭請罪音辭清辯旨甚酸哀衆皆爲改容操曰誠實相矜然文狀已去奈何文姬曰明公廄馬萬匹虎士成林何惜疾足一騎而不濟垂死之命乎操感其言乃追原祀罪時且寒賜以頭巾履襪操因問曰聞夫人家先多墳籍猶能憶識之不文姬曰昔亡父賜書四千許卷流離塗炭罔有存者今所誦憶裁四百餘篇耳操曰今當使十吏就夫人寫之文姬曰妾聞男女之別禮不親授（禮記曰男女不親授）乞給紙筆眞草唯命於是繕書送之文無遺誤後感傷亂離追懷悲憤作詩二章其辭

曰漢季失權柄董卓亂天常志欲圖篡弑先害諸賢良逼迫遷舊邦擁主以自彊海內興義師欲共討不祥卓衆來東下金甲耀日光平土人脆弱來兵皆胡羌獵野圍城邑所向悉破亡斬截無孑遺尸骸相撐拒撐音直庚反馬邊懸男頭馬後載婦女長驅西入關迥路險且阻還顧邈冥冥肝脾爲爛腐所略有萬計不得令屯聚或有骨肉俱欲言不敢語失意機微閒輒言斃降虜要當以亭刃我曹不活汝豈復惜性命不堪其詈罵或便加棰杖毒痛參并下旦則號泣行夜則悲吟坐欲死不能得欲生無一可彼蒼者何辜乃遭此戹禍邊荒與華異人俗少義理處所多霜雪胡風春夏起翩翩吹我衣肅肅入我耳感時念父母哀歎無窮已有客從外來聞之常歡喜迎問其消息輒復非鄉里邂逅徼時願骨肉來迎己己得自解免當復棄兒子天屬綴人心念別無會期存亡永乖隔不忍

與之辭兒前抱我頸問我欲何之人言母當去豈復有還時阿母常仁惻今何更不慈我尚未成人奈何不顧思見此崩五內恍惚生狂癡號泣手撫摩當發復回疑兼有同時輩相送告離別慕我獨得歸哀叫聲摧裂馬爲立踟蹰車爲不轉轍觀者皆歔欷行路亦嗚咽去去割情戀遄征日遐邁悠悠三千里何時復交會念我出腹子匈臆爲摧敗既至家人盡又復無中外城郭爲山林庭宇生荆艾白骨不知誰從橫莫覆蓋出門無人聲豺狼號且吠煢煢對孤景怛咤糜肝肺登高遠眺望魂神忽飛逝奄若壽命盡旁人相寬大爲復彊視息雖生何聊賴託命於新人竭心自勖厲流離成鄙賤常恐復捐廢人生幾何時懷憂終年歲其二章曰嗟薄祜兮遭世患宗族殄兮門戶單身執略兮入西關歷險阻兮之羌蠻山谷眇兮路曼曼眷東顧兮但悲歎冥當寢兮不能安冥音瞑飢當食

兮不能餐常流涕兮眥不乾薄志節兮念死難雖苟活兮無形顏惟彼方兮遠陽精（北方近陰遠陽）陰氣凝兮雪夏零沙漠壅兮塵冥冥有草木兮春不榮人似禽兮食臭腥言兜離兮狀窈停（兜離匈奴言語之貌）歲聿暮兮時邁征夜悠長兮禁門扃不能寐兮起屏營登胡殿兮臨廣庭玄雲合兮翳月星北風厲兮肅泠泠胡笳動兮邊馬鳴孤雁歸兮聲嚶嚶樂人興兮彈琴箏音相和兮悲且清心吐思兮匈憤盈欲舒氣兮恐彼驚含哀咽兮涕沾頸家既迎兮當歸寧臨長路兮捐所生兒呼母兮嗁失聲我掩耳兮不忍聽追持我兮走煢煢頓復起兮毀顏形還顧之兮破人情心怛絕兮死復生（列女後傳珍字昭姬也）

贊曰端操有蹤幽閑有容區明風烈昭我管彤（婦人之正其節操有蹤跡可紀者及幽都閑婉有禮容者區別其遺風餘烈以明女史之所記也管彤赤管筆解見皇后紀）

列女傳第七十四

金陵書局仿汲古閣本刊

後漢書八十四

東夷列傳第七十五　後漢書八十五

唐章懷太子賢注

王制云：東方曰夷。夷者，柢也，言仁而好生，萬物柢地而出。事見風俗通。故天性柔順，易以道御，至有君子不死之國焉。山海經曰君子國衣冠帶劍食獸使二文虎在旁外國圖曰去琅邪三萬里山海經又曰不死人在交脛東其爲人黑色壽不死竝在東方也夷有九種，竹書紀年曰后芬發即位二年九夷來御也曰畎夷、于夷、方夷、黃夷、白夷、赤夷、玄夷、風夷、陽夷。竹書紀年曰后泄二十一年命畎夷赤夷白夷玄夷風夷陽夷后相即位二年征黃夷七年于夷來賓後少康即位方夷來賓也故孔子欲居九夷也。昔堯命羲仲宅嵎夷，曰暘谷，蓋日之所出也。孔安國尚書注曰東方之地曰嵎夷暘谷日之所出也夏后氏太康失德，夷人始畔。太康啟之子也槃于游田十旬不反不恤人事爲羿所逐也自少康已後，世服王化，遂賓于王門，獻其樂舞。少康帝仲康之孫帝相子也竹書紀年曰后發即位元年諸夷賓于王門諸夷入舞桀爲暴虐，諸夷內侵，殷湯革命，伐而定之。至於仲丁，藍夷作寇。仲丁殷太戊之子也竹書紀年曰仲丁即位征於藍夷也自是或服或畔，三百餘年。武乙衰敝，東夷寖盛，遂分遷淮岱，漸居中土。武乙帝庚丁之子無道爲革囊盛血仰而射之命曰射天也及武王滅紂肅愼來獻石砮楛矢管蔡畔周乃招誘夷狄周公征之遂定東夷尚書武王崩三監及淮夷畔周公征之作大誥又曰成王既伐管叔蔡叔滅淮夷康王之時肅愼復至後徐夷僭號乃率九夷以伐宗周西至河上穆王畏其方熾乃分東方諸侯命徐偃王主之博物志曰徐君宮人娠而生卵以爲不祥棄於水濱孤獨母有犬名鵠倉持所棄卵銜以歸母母覆暖之遂成小兒生而偃故以爲名宮人聞之乃更錄取長襲爲徐君尸子曰偃王有筋而無骨故曰偃偃王處潢池東地方五百里水經注曰潢水一名汪水與泡水合至沛入泗自山陽以東海陵以北其地當之也行仁義陸地而朝者三十有六國穆王後得驥騄之乘史記曰造父以善御幸於周穆王得赤驥盜驪驊騮騄耳之駟西巡狩樂而忘歸乃使造父御以告楚令伐徐一日而至造父解見蔡邕傳於是楚文王大舉兵而滅之偃王仁而無權不忍鬬其人故致於敗乃北走彭城武原縣東山下百姓隨之者以萬數因名其山爲徐山武原縣故城在今泗州下邳縣北徐山在其東博物志曰徐王妖異不常武原縣東十里見有徐山石室祠處偃王溝通陳蔡之閒得朱弓朱矢以己得天瑞自稱偃王穆王聞之遣使乘駟一日至楚伐之偃王仁不忍鬬爲楚所敗北走此山也厲王無道淮夷入寇王命虢仲征之不克宣王復命召公伐而平之毛詩序曰江漢尹吉甫美宣王也能

興衰撥亂命召公平淮夷其詩曰江漢浮浮武夫滔滔匪安匪游淮夷來求王命召虎式辟四方徹我土疆
及幽王淫亂四夷交侵至齊桓修霸攘而御焉及楚靈會申亦來豫盟
左傳楚靈王蔡侯陳侯鄭伯許男淮夷會於申
後越遷琅邪與其征戰遂陵暴諸夏侵滅小邦秦并六國其淮泗夷皆散為民戶陳涉起兵天下崩潰燕人衛滿避地朝鮮
前書曰朝鮮王滿燕人自始全燕時嘗略屬眞番朝鮮為置吏築障漢興屬燕王盧綰反入匈奴滿亡命東走渡浿水居秦故空地稍役屬朝鮮蠻夷及故燕齊亡在者王之都王險也
因王其國百有餘歲武帝滅之於是東夷始通上京王莽篡位貊人寇邊
前書莽發高句麗兵當伐胡不欲行郡縣強迫之皆亡出塞因犯為寇州郡歸咎於高句麗侯騶嚴尤奏言貉人犯法不從騶起宜尉安之
建武之初復來朝貢時遼東太守祭肜威讋北方聲行海表於是濊貊倭韓萬里朝獻故章和已後使聘流通逮永初多難始入寇鈔桓靈失政漸滋曼焉自中興之後四夷來賓雖時有乖畔而使驛不絕故國俗風土可得略記東夷率皆土著憙飲酒歌舞或冠弁衣錦器用俎豆所謂中國失禮求之四夷者也
左傳曰仲尼學官名於郯子既而告人曰吾聞之天子失官學在四夷其信也
凡蠻夷戎狄總名四

後漢八十五　二

夷者猶公侯伯子男皆號諸侯云

夫餘國在玄菟北千里南與高句驪東與挹婁西與鮮卑接北有弱水地方二千里本濊地也初北夷索離國王出行索或作橐音度洛反其侍兒於後妊身妊音人鴆反王還欲殺之侍兒曰前見天上有氣大如雞子來降我因以有身王囚之後遂生男王令置於豕牢牢圈也豕以口氣噓之不死復徙於馬蘭蘭即欄也馬亦如之王以爲神乃聽母收養名曰東明東明長而善射王忌其猛復欲殺之東明奔走南至掩淲水今高麗中有蓋斯水疑此水是也以弓擊水魚鼈皆聚浮水上東明乘之得度因至夫餘而王之焉於東夷之域最爲平敞土宜五穀出名馬赤玉貂豽豽似豹無前足音奴八反大珠如酸棗以員柵爲城有宮室倉庫牢獄其人麤大彊勇而謹厚不爲寇鈔以弓矢刀矛爲兵以六畜名官有馬加牛加狗加其邑落皆主屬諸加食飲用俎豆會同拜爵洗爵揖讓升降

㠯臘月祭天大會連日飲食歌舞名曰迎鼓是時斷刑獄解囚徒有軍事亦祭天殺牛㠯蹏占其吉凶魏志曰牛蹏解者爲凶合者爲吉行人無晝夜好歌吟音聲不絕其俗用刑嚴急被誅者皆沒其家人爲奴婢盜一責十二男女淫皆殺之尤治惡妒婦既殺復尸於山上兄死妻嫂死則有槨無棺殺人殉葬多者㠯百數其王葬用玉匣漢朝常豫㠯玉匣付玄菟郡王死則迎取㠯葬焉建武中東夷諸國皆來獻見二十五年夫餘王遣使奉貢光武厚答報之於是使命歲通至安帝永初五年夫餘王始將步騎七八千人寇鈔樂浪殺傷吏民後復歸附永寧元年乃遣嗣子尉仇台詣闕貢獻天子賜尉仇台印綬金綵順帝永和元年其王來朝京師帝作黃門鼓吹角抵戲㠯遣之桓帝延熹四年遣使朝賀貢獻永康元年王夫台將二萬餘人寇玄菟玄菟太守公孫域擊破之斬首千餘級至靈帝熹平

三年復奉章貢獻夫餘本屬玄菟獻帝時其王求屬遼東云

挹婁古肅慎之國也在夫餘東北千餘里東濱大海南與北沃沮接不知其北所極土地多山險人形似夫餘而言語各異有五穀麻布出赤玉好貂無君長其邑落各有大人處於山林之閒土氣極寒常爲穴居以深爲貴大家至接九梯好養豕食其肉衣其皮冬以豕膏塗身厚數分以禦風寒夏則裸袒以尺布蔽其前後其人臭穢不潔作廁於中圜之而居自漢興以後臣屬夫餘種衆雖少而多勇力處山險又善射發能入人目弓長四尺力如弩矢用楛長一尺八寸青石爲鏃鏃皆施毒中人即死便乘船好寇盜鄰國畏患而卒不能服東夷夫餘飲食類此皆用俎豆唯挹婁獨無法俗最無綱紀者也

高句驪在遼東之東千里南與朝鮮濊貊東與沃沮北與夫餘接

地方二千里多大山深谷人隨而爲居少田業力作不足巳自資故其俗節於飲食而好修宮室東夷相傳巳爲夫餘別種故言語法則多同而跪拜曳一腳行步皆走凡有五族有消奴部絕奴部順奴部灌奴部桂婁部按今高驪五部一曰內部一名黃部卽桂婁部也二曰北部一名後部卽絕奴部也三曰東部一名左部卽順奴部也四曰南部一名前部卽灌奴部也五曰西部一名右部卽消奴部也本消奴部爲王稍微弱後桂婁部代之其置官有相加對盧沛者古鄒大加古鄒大加高驪掌賓客之官如鴻臚也主部優台使者帛衣先人武帝滅朝鮮巳高句驪爲縣前書元封中定朝鮮爲眞番臨屯樂浪玄菟四部使屬玄菟賜鼓吹伎人其俗淫皆絜淨自憙暮夜輒男女羣聚爲倡樂好祠鬼神社稷零星前書音義龍星左角曰天田則農祥也辰日祀以牛號曰零星風俗通曰辰之神爲零星故以辰日祠於東南也巳十月祭天大會名曰東盟其國東有大穴號禭神亦巳十月迎而祭之其公會衣服皆錦繡金銀巳自飾大加主簿皆著幘如冠幘而無後其小加著折風形如弁無牢獄有罪諸加評議便殺之沒入妻子

爲奴婢其婚姻皆就婦家生子長大然後將還便稍營送終之具金銀財幣盡於厚葬積石爲封亦種松柏其人性凶急有氣力習戰鬭好寇鈔沃沮東濊皆屬焉

句驪一名貊耳有別種依小水爲居因名曰小水貊出好弓所謂貊弓是也（魏志春秋曰遼東郡西安平縣北有小水南流入海句驪別種因名之小水貊）王莽初發句驪兵以伐匈奴其人不欲行彊迫遣之皆亡出塞爲寇盜遼西大尹田譚追擊戰死莽令其將嚴尤擊之誘句驪侯騶入塞斬之傳首長安莽大說更名高句驪王爲下句驪侯於是貊人寇邊愈甚建武八年高句驪遣使朝貢光武復其王號二十三年冬句驪蠶支落大加戴升等萬餘口詣樂浪內屬二十五年春句驪寇右北平漁陽上谷太原而遼東太守祭肜以恩信招之皆復款塞後句驪王宮生而開目能視國人懷之及長勇壯數犯邊境和帝元興元年春復入遼

東寇略六縣太守耿夔擊破之斬其渠帥安帝永初五年宮遣使貢獻求屬玄菟元初五年復與濊貊寇玄菟攻華麗城（華麗縣屬樂浪郡）建光元年春幽州刺史馮煥玄菟太守姚光遼東太守蔡諷等將兵出塞擊之捕斬濊貊渠帥獲兵馬財物宮乃遣嗣子遂成將二千餘人逆光等遣使詐降光等信之遂成因據險阸以遮大軍而潛遣三千人攻玄菟遼東焚城郭殺傷一千餘人於是發廣陽漁陽右北平涿郡屬國三千餘騎同救之而貊人已去夏復與遼東鮮卑八千餘人攻遼隊（縣名屬遼東郡）殺掠吏人蔡諷等追擊於新昌戰歿功曹耿耗兵曹掾龍端兵馬掾公孫酺以身扞諷俱歿於陳死者百餘人秋宮遂率馬韓濊貊數千騎圍玄菟夫餘王遣子尉仇台將二萬餘人與州郡并力討破之斬首五百餘級是歲宮死子遂成立姚光上言欲因其喪發兵擊之議者皆以爲可許尚書陳忠曰

宮前桀黠光不能討死而擊之非義也宜遣弔問因責讓前罪赦不加誅取其後善安帝從之明年遂成還漢生口詣玄菟降詔曰遂成等桀逆無狀當斬斷葅醢以示百姓幸會赦令乞罪請降鮮卑濊貊連年寇鈔驅略小民動以千數而裁送數十百人非向化之心也自今以後不與縣官戰鬬而自以親附送生口者皆與贖直縑人四十匹小口半之遂成死子伯固立其後濊貊率服東垂少事順帝陽嘉元年置玄菟郡屯田六部質桓之閒復犯遼東西安平殺帶方令郡國志西安平帶方縣竝屬遼東郡掠得樂浪太守妻子建寧二年玄菟太守耿臨討之斬首數百級伯固降服乞屬玄菟云

東沃沮在高句驪蓋馬大山之東蓋馬縣名屬玄菟郡其山在今平壤城西平壤卽王險城也東濱大海北與挹婁夫餘南與濊貊接其地東西夾南北長夾音狹可折方千里土肥美背山向海宜五穀善田種有邑落長帥人性質直彊勇便

持矛步戰言語食飲居處衣服有似句驪其葬作大木槨長十餘丈開一頭爲戸新死者先假埋之令皮肉盡乃取骨置槨中家人皆共一槨刻木如生隨死者爲數焉武帝滅朝鮮以沃沮地爲玄菟郡後爲夷貊所侵徙郡於高句驪西北更以沃沮爲縣屬樂浪東部都尉至光武罷都尉官後皆以封其渠帥爲沃沮侯其土迫小介於大國之間遂臣屬句驪句驪復置其中大人遂爲使者以相兼領責其租税貂布魚鹽海中食物發美女爲婢妾焉又有北沃沮一名置溝婁去南沃沮八百餘里其俗皆與南同界南接挹婁挹婁人憙乘船寇鈔北沃沮畏之毎夏輒臧於巖穴至冬船道不通乃下居邑落其耆老言嘗於海中得一布衣其形如中人衣而兩袖長三丈又於岸際見一人乘破船頂中復有面與語不通不食而死又説海中有女國無男人或傳其國有神井闚之輒生

子云魏志曰毌丘儉遣王頎追句驪王宮窮沃沮東界問其耆老所傳云

濊北與高句驪沃沮南與辰韓接東窮大海西至樂浪濊及沃沮句驪本皆朝鮮之地也昔武王封箕子於朝鮮箕子教以禮義田蠶又置八條之教前書曰箕子教以八條者相殺者以當時償殺相傷者以穀償相盜者男沒入爲其家奴女子爲婢欲自贖者人五十萬音義曰八條不具見也其人終不相盜無門戶之閉婦人貞信飲食以籩豆其後四十餘世至朝鮮侯準自稱王漢初大亂燕齊趙人往避地者數萬口而燕人衞滿擊破準而自王朝鮮傳國至孫右渠元朔元年武帝年也濊君南閭等畔右渠率二十八萬口詣遼東內屬武帝以其地爲蒼海郡數年乃罷至元封三年滅朝鮮分置樂浪臨屯玄菟眞番四部番音潘至昭帝始元五年罷臨屯眞番以并樂浪玄菟玄菟復徙居句驪自單大領已東沃沮濊貊悉屬樂浪後以境土廣遠復分領東七縣置樂浪東部都尉自內屬已後風俗稍薄法禁亦浸多至

有六十餘條建武六年省都尉官遂棄領東地悉封其渠帥爲縣侯皆歲時朝賀無大君長其官有侯邑君三老耆舊自謂與句驪同種言語法俗大抵相類其人性愚慤少嗜欲不請匄男女皆衣曲領其俗重山川山川各有部界不得妄相干涉同姓不婚多所忌諱疾病死亡輒捐棄舊宅更造新居知種麻養蠶作綿布曉候星宿豫知年歲豐約常用十月祭天晝夜飲酒歌舞名之爲舞天又祠虎以爲神邑落有相侵犯者輒相罰責生口牛馬名之爲責禍殺人者償死少寇盜能步戰作矛長三丈或數人共持之樂浪檀弓出其地又多文豹有果下馬高三尺乘之可於果樹下行海出從魚使來皆獻之

韓有三種一曰馬韓二曰辰韓三曰弁辰馬韓在西有五十四國其北與樂浪南與倭接辰韓在東十有二國其北與濊貊接弁辰

在辰韓之南亦十有二國其南亦與倭接凡七十八國伯濟是其一國焉大者萬餘戶小者數千家各在山海閒地合方四千餘里東西以海爲限皆古之辰國也馬韓最大共立其種爲辰王都目支國盡王三韓之地其諸國王先皆是馬韓種人焉馬韓人知田蠶作緜布出大栗如梨有長尾雞尾長五尺邑落雜居亦無城郭作土室形如冢開戶在上不知跪拜無長幼男女之別不貴金寶錦罽不知騎乘牛馬唯重瓔珠以綴衣爲飾及縣頸垂耳大率皆魁頭露紒（魁頭猶科頭也謂以髮縈繞成科結也紒音計）布袍草履其人壯勇少年有築室作力者輒以繩貫脊皮縋以大木嚾呼爲健常以五月田竟祭鬼神晝夜酒會羣聚歌舞舞輒數十人相隨蹋地爲節十月農功畢亦復如之諸國邑各以一人主祭天神號爲天君又立蘇塗（魏志曰諸國各有別邑爲蘇塗諸亡逃至其中皆不還之蘇塗之義有似浮屠）建大木以縣鈴鼓事鬼神其南界近倭亦有文身

者辰韓耆老自言秦之亡人避苦役適韓國馬韓割東界地與之
其名國爲郡馬爲弧賊爲寇行酒爲行解相別爲徒有似秦語故
或名之爲秦韓有城柵屋室諸小別邑各有渠帥大者名臣智次
有儉側次有樊秖次有殺奚次有邑借（皆其官名）土地肥美宜五穀知蠶
桑作縑布乘駕牛馬嫁娶以禮行者讓路國出鐵濊倭馬韓並從
市之凡諸貿易皆以鐵爲貨俗憙歌舞飲酒鼓瑟兒生欲令其頭
扁皆押之以石（扁音補典反）弁辰與辰韓雜居城郭衣服皆同言語風俗
有異其人形皆長大美髮衣服潔淸而刑法嚴峻其國近倭故頗
有文身者初朝鮮王準爲衞滿所破乃將其餘衆數千人走入海
攻馬韓破之自立爲韓王準後滅絕馬韓人復自立爲辰王建武
二十年韓人廉斯人蘇馬諟等詣樂浪貢獻（廉斯邑名也諟音是）光武封蘇馬
諟爲漢廉斯邑君使屬樂浪郡四時朝謁靈帝末韓濊並盛州縣

不能制百姓苦亂多流亡入韓者馬韓之西海島上有州胡國其人短小髡頭衣韋衣有上無下好養牛豕乘船往來貨市韓中

倭在韓東南大海中依山島爲居凡百餘國自武帝滅朝鮮使驛通於漢者三十許國國皆稱王世世傳統其大倭王居邪馬臺國案今名邪摩推音之訛反樂浪郡徼去其國萬二千里去其西北界拘邪韓國七千餘里其地大較在會稽東冶之東與朱崖儋耳相近故其法俗多同土宜禾稻麻紵蠶桑知織績爲縑布出白珠青玉其山有丹土氣溫腝冬夏生菜茹無牛馬虎豹羊鵲鵲或作鵲其兵有矛楯才以其矢或以骨爲鏃男子皆黥面文身以其文左右大小別尊卑之走其男衣皆橫幅結束相連女人被髮屈紒衣如單被貫頭而著之竝以丹朱坋身說文曰坋塵也音蒲頓反如中國之用粉也有城柵屋室父母兄弟異處唯會同男女無別飲食以手而用籩豆俗皆徒跣以蹲踞爲恭

敬人性嗜酒多壽考至百餘歲者甚衆國多女子大人皆有四五妻其餘或兩或三女人不淫不妒風俗不盜竊少爭訟犯法者沒其妻子重者沒其門族其死停喪十餘日家人哭泣不進酒食而等類就歌舞爲樂灼骨㠯卜用決吉凶行來度海令一人不櫛沐不食肉不近婦人名曰持衰若在塗吉利則雇㠯財物如病疾遭害㠯爲持衰不謹便共殺之建武中元二年倭奴國奉貢朝賀使人自稱大夫倭國之極南界也光武賜㠯印綬安帝永初元年倭國王帥升等獻生口百六十人願請見桓靈閒倭國大亂更相攻伐歷年無主有一女子名曰卑彌呼年長不嫁事鬼神道能㠯妖惑衆於是共立爲王侍婢千人少有見者唯有男子一人給衣食傳辭語居處宮室樓觀城柵皆持兵守衞法俗嚴峻自女王國東度海千餘里至拘奴國雖皆倭種而不屬女王自女王國南四千

餘里至朱儒國人長三四尺自朱儒東南行船一年至裸國黑齒國使驛所傳極於此矣會稽海外有東鯷人（鯷音達奚反）分爲二十餘國又有夷洲及澶洲傳言秦始皇遣方士徐福將童男女數千人入海（事見史記）求蓬萊神仙不得徐福畏誅不敢還遂止此洲世世相承有數萬家人民時至會稽市會稽東冶縣人有入海行遭風流移至澶洲者所在絕遠不可往來（沈瑩臨海水土志曰夷洲在臨海東南去郡二千里土地無霜雪草木不死四面是山谿人皆髡髮穿耳女人不穿耳土地饒沃既生五穀又多魚肉有犬尾短如麕尾狀此夷舅姑子婦臥息共一大牀略不相避地有銅鐵唯用鹿格爲矛以戰鬬摩礪青石以作弓矢取生魚肉雜貯大瓦器以鹽鹵之歷月餘日乃啖食之以爲上肴也）

論曰昔箕子違衰殷之運避地朝鮮始其國俗未有聞也及施八條之約使人知禁遂乃邑無淫盜門不夜扃（扃關也）回頑薄之俗就寬略之法行數百千年故東夷通以柔謹爲風異乎三方者也苟政之所暢則道義存焉仲尼懷憤以爲九夷可居或疑其陋子曰君

子居之何陋之有亦徒有㠯焉爾其後遂通接商賈漸交上國而燕人衞滿擾雜其風（擾亂也）於是從而澆異焉老子曰法令滋章盜賊多有若箕子之省簡文條而用信義其得聖賢作法之原矣

贊曰宅是嵎夷曰乃暘谷巢山潛海厥區九族嬴末紛亂燕人違難（謂衞滿也）雜華澆本遂通有漢（衞滿入朝鮮既雜華夏之風又澆薄其本化以至通於漢也）眇眇偏譯或從或畔（偏遠也）

東夷列傳第七十五

後漢書八十五

南蠻西南夷列傳第七十六　後漢書八十六

唐章懷太子賢注

昔高辛氏有犬戎之寇（高辛帝嚳）帝患其侵暴而征伐不克乃訪募天下有能得犬戎之將吳將軍頭者購黃金千鎰邑萬家又妻以少女時帝有畜狗其毛五采名曰槃瓠（魏略曰高辛氏有老婦居王室得耳疾挑之乃得物大如繭婦人盛瓠中覆之以槃俄頃化爲犬其文五色因名槃瓠）下令之後槃瓠遂銜人頭造闕下羣臣怪而診之乃吳將軍首也（診驗視也）帝大喜而計槃瓠不可妻之以女又無封爵之道議欲有報而未知所宜女聞之以爲帝皇下令不可違信因請行帝不得已乃以女配槃瓠槃瓠得女負而走入南山止石室中所處險絕人跡不至（今辰州盧溪縣西有武山黃閔武陵記曰山高可萬仞山半有槃瓠石室可容數萬人中有石牀槃瓠行跡今案山窟前有石羊石獸古跡奇異尤多望石窟大如三間屋遥見一石仍似狗形蠻俗相傳云是槃瓠象也）於是女解去衣裳爲僕鑒之結著獨力之衣（僕鑒獨力皆未詳流俗本或有改鑒字爲豎者妄穿鑿也結音髻）帝悲思之遣使尋求輒遇風雨震晦使者

不得進經三年生子一十二人六男六女槃瓠死後因自相夫妻織績木皮染以草實好五色衣服製裁皆有尾形干寶晉紀曰武陵長沙廬江郡夷槃瓠之後也雜處五溪之內槃瓠憑山阻險每每常爲害糅雜魚肉叩槽而號以祭槃瓠俗稱赤髀橫裙即其子孫其母後歸以狀白帝於是使迎致諸子衣裳班蘭語言侏離侏離蠻夷語聲也好入山壑不樂平曠帝順其意賜以名山廣澤其後滋蔓號曰蠻夷外癡內黠安土重舊以先父有功母帝之女田作賈販無關梁符傳租稅之賦優寵之故蠲其賦役也荊州記曰沅陵縣居西口有上就武陽二鄉唯此是槃瓠子孫狗種也二鄉在武溪之北有邑君長皆賜印綬冠用獺皮名渠帥曰精夫相呼爲姎徒說文曰姎女人自稱姎我也音胡朗反此已上竝見風俗通今長沙武陵蠻是也其在唐虞與之要質故曰要服夏商之時漸爲邊患逮於周世黨衆彌盛宣王中興乃命方叔南伐蠻方詩人所謂蠻荊來威者也又曰蠢爾蠻荊大邦爲讎毛詩小雅序曰采芑宣王南征也薄言采芑于彼新田顯允方叔振旅闐闐蠢爾蠻荊大邦爲讎注云方叔卿士命而爲將也明其黨衆繁多是以抗敵諸夏也平王東遷蠻遂侵暴上國晉文

侯輔政乃率蔡共侯擊破之〔晉文侯仇也〕至楚武王時蠻與羅子共敗楚師殺其將屈瑕〔左傳楚屈瑕伐羅及鄢亂次以濟其水遂無次且不設備羅與盧戎兩軍之大敗之莫敖縊於荒谷羣帥囚于冶父也〕莊王初立〔莊王名旅穆王之子〕民飢兵弱復爲所寇楚師既振然後乃服自是遂屬於楚鄢陵之役蠻與恭王合兵擊晉〔左傳晉楚戰于鄢陵晉郤至曰楚二卿相惡王卒以舊鄭陳而不整蠻軍而不陳也〕及吳起相悼王南并蠻越遂有洞庭蒼梧秦昭王使白起伐楚略取蠻夷始置黔中郡漢興改爲武陵〔黔中故城在今辰州沅陵縣西〕歲令大人輸布一匹小口二丈是謂賨布〔說文曰南蠻賦也賨牂冬反〕雖時爲寇盜而不足爲郡國患光武中興武陵蠻夷特盛建武二十三年精夫相單程等據其險隘大寇郡縣遣武威將軍劉尚發南郡長沙武陵兵萬餘人乘船泝沅水入武溪擊之〔沅水出牂柯故且蘭東北經辰州潭州嶽州經洞庭湖入江也〕尚輕敵入險山深水疾舟船不得上蠻氏知尚糧少入遠又不曉道經遂屯聚守險尚食盡引還蠻緣路徼戰尚軍大敗悉爲所沒二十四年相單程等下攻臨

沅遣謁者李嵩中山太守馬成擊之不能剋明年春遣伏波將軍馬援中郎將劉匡馬武孫永等將兵至臨沅擊破之單程等飢困乞降會援病卒謁者宗均聽悉受降爲置吏司羣蠻遂平肅宗建初元年武陵澧中蠻陳從等反叛入零陽蠻界零陽縣屬武陵郡其冬零陽蠻五里精夫爲郡擊破從從等皆降三年冬漊中蠻覃兒健等復反漊水名源出今澧州崇義縣攻燒零陽作唐孱陵界中作唐縣屬武陵郡孱陵縣故城在今荆州公安縣西南孱音仕顔反明年春發荆州七郡及汝南潁川弛刑徒吏士五千餘人拒守零陽募充中五里蠻精夫不叛者四千人擊澧中賊充縣屬武陵郡充音衝五年春覃兒健等請降不許郡因進兵與戰於宏下大破之斬兒健首餘皆棄營走還漊中復遣乞降乃受之於是罷武陵屯兵賞賜各有差和帝永元四年冬漊中澧中蠻潭戎等反燔燒郵亭殺略吏民郡兵擊破降之安帝元初二年澧中蠻以郡縣徭稅失平懷怨恨遂

結充中諸種二千餘人攻城殺長吏州郡募五里蠻六亭兵追擊破之皆散降賜五里六亭渠帥金帛各有差明年秋漊中澧中蠻四千人竝爲盜賊又零陵蠻羊孫陳湯等千餘人（零陽屬武陵郡）著赤幘稱將軍燒官寺抄掠百姓州郡募善蠻討平之順帝永和元年武陵太守上書以蠻夷率服可比漢人增其租賦議者皆以爲可尚書令虞詡獨奏曰自古聖王不臣異俗非德不能及威不能加知其獸心貪婪難率以禮是故羈縻而綏撫之附則受而不逆叛則棄而不追先帝舊典貢稅多少所由來久矣今猥增之必有怨叛計其所得不償所費必有後悔帝不從其冬澧中漊中蠻果爭貢布非舊約遂殺鄉吏舉種反叛明年春蠻二萬人圍充城八千人寇夷道遣武陵太守李進討破之斬首數百級餘皆降服進乃簡選良吏得其情和在郡九年梁太后臨朝下詔增進秩二千石賜錢

二十萬桓帝元嘉元年秋武陵蠻詹山等四千餘人反叛拘執縣令屯結深山至永興元年太守應奉以恩信招誘皆悉降散永壽三年十一月長沙蠻反叛屯益陽至延熹三年秋遂抄掠郡界衆至萬餘人殺傷長吏又零陵蠻入長沙冬武陵蠻六千餘人寇江陵荆州刺史劉度謁者馬睦南郡太守李肅皆奔走肅主簿胡爽扣馬首諫曰蠻夷見郡無儆備故敢乘閒而進明府爲國大臣連城千里舉旗鳴鼓應聲十萬柰何委符守之重而爲逋逃之人乎肅拔刃向爽曰掾促去太守今急何暇此計爽抱馬固諫肅遂殺爽而走帝聞之徵肅棄市度睦減死一等復爽門閭拜家一人爲郎於是以右校令度尚爲荆州刺史討長沙賊平之又遣車騎將軍馮緄討武陵蠻竝皆降散軍還賊復寇桂陽太守廖祈奔走廖音力弔反武陵蠻亦更攻其郡太守陳奉率吏人擊破之斬首三千餘級

降者二千餘人至靈帝中平三年武陵蠻復叛寇郡界州郡擊破之禮記稱南方曰蠻雕題交阯其俗男女同川而浴故曰交阯題額也雕之謂刻其肌以丹青涅也其西有噉人國生首子輒解而食之謂之宜弟味旨則㠯遺其君君喜而賞其父取妻美則讓其兄今烏滸人是也萬震南州異物志烏滸地名在廣州之南交州之北恒出道間伺候行旅輒出擊之利得人食之不貪其財貨竝以其肉爲肴俎又取其髑髏破之以飲酒以人掌趾爲珍異以食老也交阯之南有越裳國周公居攝六年制禮作樂天下和平越裳㠯三象重譯而獻白雉曰道路悠遠山川岨深音使不通故重譯而朝成王㠯歸周公公曰德不加焉則君子不饗其質質亦贄也政不施焉則君子不臣其人吾何㠯獲此賜也其使請曰吾受命吾國之黃耇爾雅曰黃髮鮐背耇老壽也曰久矣天之無烈風雷雨尚書大傳作別風注雨意者中國有聖人乎有則盍往朝之周公乃歸之於王事見尚書大傳稱先王之神致㠯薦於宗廟周德既衰於是稍絕及楚子稱霸朝貢百越秦并天下威服蠻夷始開

領外置南海桂林象郡漢興尉佗自立爲南越王傳國五世（前書南粵王趙佗眞定人也秦時爲南海尉佗孫胡胡子嬰齊嬰齊子興也）至武帝元鼎五年遂滅之分置九郡交趾刺史領焉其珠崖儋耳二郡在海洲上東西千里南北五百里其渠帥貴長耳皆穿而縋之垂肩三寸武帝末珠崖太守會稽孫幸調廣幅布獻之蠻不堪役遂攻郡殺幸幸子豹率善人還復破之自領郡事討擊餘黨連年乃平豹遣使封還印綬上書言狀制詔卽以豹爲珠崖太守（卽就也）威政大行獻命歲至中國貪其珍賂漸相侵侮故率數歲一反元帝初元三年遂罷之凡立郡六十五歲逮王莽輔政元始二年日南之南黃支國來獻犀牛凡交趾所統雖置郡縣而言語各異重譯乃通人如禽獸長幼無別項髻徒跣（爲髻於項上也）以布貫頭而著之後頗徙中國罪人使雜居其間乃稍知言語漸見禮化光武中興錫光爲交阯任延守九眞於是教其耕稼制爲

冠履初設媒娉始知姻娶建立學校導之禮義建武十二年九眞徼外蠻里張游（里蠻之別號今呼爲俚人）率種人慕化內屬封爲歸漢里君明年南越徼外蠻夷獻白雉白菟至十六年交阯女子徵側及其妹徵貳反攻郡徵側者麊泠縣雒將之女也（麊音莫支反泠音零）嫁爲朱䳒人詩索妻甚雄勇交阯太守蘇定以法繩之側忿故反於是九眞日南合浦蠻里皆應之凡略六十五城自立爲王交阯刺史及諸太守僅得自守光武乃詔長沙合浦交阯具車船修道橋通障谿儲糧穀十八年遣伏波將軍馬援樓船將軍段志發長沙桂陽零陵蒼梧兵萬餘人討之明年夏四月援破交阯斬徵側徵貳等餘皆降散進擊九眞賊都陽等破降之徙其渠帥三百餘口於零陵於是嶺表悉平肅宗元和元年日南徼外蠻夷究不事人（究不事人蠻夷別號也）邑豪獻生犀白雉和帝永元十二年夏四月日南象林蠻夷二千餘人寇掠

百姓燔燒官寺郡縣發兵討擊斬其渠帥餘衆乃降於是置象林將兵長史以防其患安帝永初元年九眞徼外夜郎蠻夷舉土內屬開境千八百四十里元初二年蒼梧蠻夷反叛明年遂招誘鬱林合浦蠻漢數千人攻蒼梧郡鄧太后遣侍御史任逴音卓奉詔赦之賊皆降散延光元年九眞徼外蠻貢獻內屬三年日南徼外蠻復來內屬順帝永建六年日南徼外葉調王便遣使貢獻帝賜調便金印紫綬永和二年日南象林徼外蠻夷區憐等數千人攻象林縣燒城寺殺長吏交阯刺史樊演發交阯九眞二郡兵萬餘人救之兵士憚遠役遂反攻其府二郡雖擊破反者而賊埶轉盛會侍御史賈昌使在日南卽與州郡并力討之不利遂爲所攻圍歲餘而兵穀不繼帝以爲憂明年召公卿百官及四府掾屬問其方略皆議遣大將發荆揚兖豫四萬人赴之大將軍從事中郎李固

駁曰：若荆揚無事，發之可也。今二州盜賊槃結不散，武陵南郡蠻夷未輯，長沙桂陽數被徵發，如復擾動，必更生患，其不可一也。又兖豫之人卒被徵發，遠赴萬里，無有還期，詔書迫促，必致叛亾，其不可二也。南州水土溫暑，加有瘴氣，致死亾者十必四五，其不可三也。遠涉萬里，士卒疲勞，比至嶺南，不復堪鬭，其不可四也。軍行三十里爲程，而去日南九千餘里，三百日乃到，計人稟五升，（古升小，故曰五升也）用米六十萬斛，不計將吏驢馬之食，但負甲自致，費便若此，其不可五也。設軍到所在，死亾必衆，既不足禦敵，當復更發，此爲刻割心腹㠯補四支，其不可六也。九眞日南相去千里，發其吏民，猶尚不堪，何況乃苦四州之卒，㠯赴萬里之艱哉！其不可七也。前中郎將尹就討益州叛羌，益州諺曰：「虜來尚可，尹來殺我。」後就徵還，㠯兵付刺史張喬。喬因其將吏，旬月之閒，破殄寇虜。此發將無益之劾州郡可任之驗也宜更選有勇略仁惠任將帥者㠯爲刺史太守悉使共住交阯今日南兵單無穀守旣不足戰又不能可一切徙其吏民北依交阯事靜之後又命歸本還募蠻夷使自相攻轉輸金帛㠯爲其資有能反間致頭首者許㠯封侯列土之賞故并州刺史長沙祝良性多勇決又南陽張喬前在益州有破虜之功皆可任用昔太宗就加魏尚爲雲中守前書曰槐里人魏尚爲雲中守以斬首捕虜上功不實免馮唐言之於文帝帝令唐持節赦尚復以爲雲中守哀帝卽拜龔舍爲太山太守前書曰舍字君倩初徵爲諫議大夫病免復徵爲博士又病去頃之哀帝遣使卽楚拜舍爲太山太守也宜卽拜良等便道之官四府悉從固議卽拜祝良爲九眞太守張喬爲交阯刺史喬至開示慰誘竝皆降散良到九眞單車入賊中設方略招㠯威信降者數萬人皆爲良築起府寺由是嶺外復平建康元年日南蠻夷千餘人復攻燒縣邑遂扇動九眞與相連結交阯刺史九江夏方開恩招誘賊皆降服時梁太后臨

朝美方之功遷爲桂陽太守桓帝永壽三年居風令貪暴無度縣人朱達等及蠻夷相聚攻殺縣令衆至四五千人進攻九眞九眞太守兒式戰死（兒五兮反）詔賜錢六十萬拜子二人爲郎遣九眞都尉魏朗討破之斬首二千級渠帥猶屯據日南衆轉彊盛延熹三年詔復拜夏方爲交阯刺史方威惠素著日南宿賊聞之二萬餘人相率詣方降靈帝建寧三年鬱林太守谷永以恩信招降烏滸人十餘萬内屬皆受冠帶開置七縣熹平二年冬十二月日南徼外國重譯貢獻光和元年交阯合浦烏滸蠻反叛招誘九眞日南合數萬人攻沒郡縣四年刺史朱儁擊破之六年日南徼外國復來貢獻

巴郡南郡蠻本有五姓巴氏樊氏瞫（音審）氏相氏鄭氏皆出於武落鍾離山（代本曰廩君之先故出巫誕也）其山有赤黑二穴巴氏之子生於赤穴四姓之

子皆生黑穴未有君長俱事鬼神乃共擲劍於石穴約能中者奉㠯爲君巴氏子務相乃獨中之衆皆歎又令各乘土船約能浮者當㠯爲君餘姓悉沈唯務相獨浮因共立之是爲廩君乃乘土船從夷水至鹽陽 荆州圖曰副夷縣西有温泉古老相傳此泉原出鹽于今水有鹽氣縣西一獨山有石穴有二大石並立穴中相去可一丈俗名爲陰陽石陰石常溼陽石常燥盛弘之荆州記曰昔廩君浮夷水射鹽神於陽石之上案今施州清江縣水一名鹽水源出清江縣西都亭山水經云夷水巴郡魚復縣注云水色清照十丈分沙石蜀人見澄清因名清江也 鹽水有神女謂廩君曰此地廣大魚鹽所出願留共居廩君不許鹽神暮輒來取宿旦卽化爲蟲與諸蟲羣飛掩蔽日光天地晦冥積十餘日廩君思其便因射殺之天乃開明 代本曰廩君使人操青縷以遺鹽神曰嬰此卽相宜云與女俱生宜將去鹽神受縷而嬰之廩君卽立陽石上應青縷而射之中鹽神鹽神死天乃大開也 廩君於是君乎夷城 此巳上並見代本也 四姓皆臣之廩君死魂魄世爲白虎巴氏㠯虎飲人血遂㠯人祠焉及秦惠王并巴中㠯巴氏爲蠻夷君長世尚秦女其民爵比不更有罪得㠯爵除其君長歲出賦二千一十六錢三歲一出義賦千

八百錢其民戶出幏布八丈二尺雞羽三十鍭說文幏南蠻夷布也音公亞反毛詩四鍭既均儀禮矢鍭一乘鄭玄注曰鍭猶候也候物而射之也三十鍭一百四十九俗本幏作蒙鍭作鏃者竝誤也漢興南郡太守靳彊請一依秦時故事至建武二十三年南郡潳山蠻雷遷等始反叛潳音曆寇掠百姓遣武威將軍劉尚將萬餘人討破之徙其種人七千餘口置江夏界中今沔中蠻是也和帝永元十三年巫蠻許聖等巫縣屬南郡以郡收稅不均懷怨恨遂屯聚反叛明年夏遣使者督荊州諸郡兵萬餘人討之聖等依憑岨隘久不破諸軍乃分道竝進或自巴郡魚復數路攻之蠻乃散走斬其渠帥乘勝追之大破聖等聖等乞降復悉徙置江夏靈帝建寧二年江夏蠻叛州郡討平之光和三年江夏蠻復反與廬江賊黃穰相連結十餘萬人攻沒四縣寇患累年廬江太守陸康討破之餘悉降散

板楯蠻夷者秦昭襄王時有一白虎常從羣虎數遊秦蜀巴漢之

境傷害千餘人昭王乃重募國中有能殺虎者賞邑萬家金百鎰時有巴郡閬中夷人能作白竹之弩乃登樓射殺白虎華陽國志曰巴夷廖仲等射殺之也昭王嘉之而以其夷人不欲加封乃刻石盟要復夷人頃田不租十妻不算優寵之故一戶免其一頃田之稅雖有十妻不輸口算之錢復音福傷人者論殺人得以倓錢贖死何承天纂文曰倓蠻夷贖罪貨也音徒濫反盟曰秦犯夷輸黃龍一雙夷犯秦輸清酒一鍾夷人安之至高祖爲漢王發夷人還伐三秦秦地既定乃遣還巴中復其渠帥羅朴督鄂度夕龔七姓不輸租賦餘戶乃歲入賨錢口四十世號爲板楯蠻夷閬中有渝水其人多居水左右天性勁勇初爲漢前鋒數陷陳俗喜歌舞喜音虛記反高祖觀之曰此武王伐紂之歌也乃命樂人習之所謂巴渝舞也遂世世服從至於中興郡守常率以征伐桓帝之世板楯數反太守蜀郡趙溫以恩信降服之靈帝光和三年巴郡板楯復叛寇掠三蜀及漢中諸郡靈帝遣

御史中丞蕭瑗督益州兵討之連年不能克帝欲大發兵乃問益州計吏考㠯征討方略漢中上計程包對曰板楯七姓射殺白虎立功先世復爲義人其人勇猛善於兵戰昔永初中羌入漢川郡縣破壞得板楯救之羌死敗殆盡故號爲神兵羌人畏忌傳語種輩勿復南行至建和二年羌復大入實賴板楯連摧破之前車騎將軍馮緄南征武陵雖受丹陽精兵之銳史記曰周成王封楚熊繹始居丹陽今歸州秭歸縣東南故城是也至楚文王始自丹陽遷於郢續漢志云南郡枝江縣有丹陽聚也亦倚板楯㠯成其功近益州郡亂太守李顒亦㠯板楯討而平之忠功如此本無惡心長吏鄉亭更賦至重僕役箠楚過於奴虜亦有嫁妻賣子或乃至自頸割雖陳冤州郡而牧守不爲通理闕庭悠遠不能自聞含怨呼天叩心窮谷愁苦賦役困羅酷刑故邑落相聚㠯致叛戾非有謀主僭號㠯圖不軌今但選明能牧守自然安集不煩征伐也帝從其言遣太守曹謙宣

詔赦之郎皆降服至中平五年巴郡黃巾賊起板楯蠻夷因此復叛寇掠城邑遣西園上軍别部司馬趙瑾討平之

西南夷者在蜀郡徼外有夜郎國東接交阯西有滇國北有邛都國各立君長其人皆椎結左衽邑聚而居能耕田其外又有嶲昆明諸落西極同師東北至葉榆葉榆縣屬益州郡葉或作楪臣賢按前書曰西自同師以東北至葉榆名爲嶲昆明今流俗諸本竝作布舊昆明益嶲字誤分爲布舊也地方數千里無君長辮髮隨畜遷徙無常自嶲東北有莋都國東北有冉駹國或土著或隨畜遷徙自冉駹東北有白馬國氐種是也此三國亦有君長

夜郎者初有女子浣於遯水有三節大竹流入足間聞其中有號聲剖竹視之得一男兒歸而養之及長有才武自立爲夜郎侯以竹爲姓見華陽國志　武帝元鼎六年平南夷爲牂柯郡夜郎侯迎降天子賜其王印綬後遂殺之夷獠咸以竹王非血氣所生甚重之求爲

立後牂柯太守吳霸以聞天子乃封其三子為侯死配食其父今夜郎縣有竹王三郎神是也 前書地理志曰夜郎縣有遯水東至廣鬱華陽國志云遯水通鬱林有三郎祠皆有靈響又云竹王所捐破竹於野成竹林今王祠竹林是也王嘗從人止大石上命作羹從者白無水王以劍擊石出水今竹王水是也 初楚頃襄王時遣將莊豪從沅水伐夜郎軍至且蘭椓船於岸而步戰既滅夜郎因留王滇池以且蘭有椓船牂柯處乃改其名為牂柯 異物志曰牂柯繫船杙也 牂柯地多雨潦俗好巫鬼禁忌寡畜生又無蠶桑故其郡最貧句町縣有桄榔木可以為麪百姓資之 臨海異物志曰桄根木外皮有毛似栟櫚而散生其木剛作鋘鋤利如鐵中石更利唯中焦根乃致敗耳皮中有似擣稻米片又似麥麪中作餅餌廣志曰桄根樹大四五圍長五六丈洪直旁無枝條其顛生葉不過數十似椶葉破其木肌堅難傷入數寸得麪赤黃密緻可食也 公孫述時大姓龍傅尹董氏與郡功曹謝暹保境為漢乃遣使從番禺江奉貢 南越志曰番禺縣之西有江浦焉 光武嘉之並加褒賞桓帝時郡人尹珍自以生於荒裔不知禮義乃從汝南許慎應奉受經書圖緯學成還鄉里教授於是南域始有學焉珍官至荊州刺史 華陽國志曰尹珍字道真毋斂縣人也

滇王者莊蹻之後也元封二年武帝平之㠯其地爲益州郡割牂柯越嶲各數縣配之後數年復并昆明地皆㠯屬之此郡有池周回二百餘里水源深廣而末更淺狹有似倒流故謂之滇池河土平敞多出鸚鵡孔雀有鹽池田漁之饒金銀畜産之富人俗豪忲（忲奢侈也）居官者皆富及累世及王莽政亂益州郡夷棟蠶若豆等起兵殺郡守越嶲姑復夷人大牟亦皆叛殺略吏人莽遣寧始將軍廉丹發巴蜀吏人及轉兵穀卒徒十餘萬擊之吏士飢疫連年不能尅而還㠯廣漢文齊爲太守造起陂池開通溉灌墾田二千餘頃率吏兵馬修障塞降集羣夷甚得其和及公孫述據益土齊固守拒險述拘其妻子許㠯封侯齊遂不降聞光武即位乃間道遣使自聞蜀平徵爲鎮遠將軍封成義侯於道卒詔爲起祠堂郡人立廟祀之建武十八年夷渠帥棟蠶與姑復楪榆梇棟連然滇池建

憐昆明諸種反叛，殺長吏。姑復縣屬越巂郡，餘六縣並屬益州郡也。益州太守繁勝與戰而敗，退保朱提。縣屬犍爲郡。朱音殊，提音匙。十九年，遣武威將軍劉尚等發廣漢、犍爲、蜀郡人及朱提夷，合萬三千人擊之。尚軍遂度瀘水，入益州界。瀘水一名若水，出旄牛徼外，經朱提至僰道入江，在今嶲州南。特有瘴氣，三月四月經之必死，五月以後行者得無害。故諸葛亮表云"五月度瀘"，言其艱苦也。羣夷聞大兵至，皆棄壘奔走，尚獲其羸弱、穀畜。二十年，進兵與棟蠶等連戰數月，皆破之。明年正月，追至不韋，孫盛蜀譜曰："初秦徙呂不韋子弟宗族於蜀漢。武帝開西南夷，置郡縣，徙呂氏以充之，因置不韋縣。"華陽國志曰："武帝通博南，置不韋縣，徙南越相呂嘉子孫宗族實之，因名不韋，以章其先人之惡行也。"斬棟蠶帥，凡首虜七千餘人，得生口五千七百人，馬三千匹，牛羊三萬餘頭，諸夷悉平。肅宗元和中，蜀郡王追爲太守，政化尤異，有神馬四匹出滇池河中，甘露降，白烏見，始興起學校，漸遷其俗。靈帝熹平五年，諸夷反叛，執太守雍陟。遣御史中丞朱龜討之，不能克。朝議以爲郡在邊外，蠻夷喜叛，勞師遠役，不如棄之。太尉掾巴郡李顒建策討伐，乃拜顒益州太守，與刺史龐芝發板楯蠻擊破平之還得雍陟顯卒後夷人復叛以廣漢景毅爲太守討定之毅初到郡米斛萬錢漸以仁恩少年間米至數十云少年未多年也

哀牢夷者其先有婦人名沙壹居于牢山嘗捕魚水中觸沈木若有感因懷妊十月產子男十人後沈木化爲龍出水上沙壹忽聞龍語曰若爲我生子今悉何在九子見龍驚走獨小子不能去背龍而坐龍因舐之其母鳥語謂背爲九謂坐爲隆因名子曰九隆及後長大諸兄以九隆能爲父所舐而黠遂共推以爲王後牢山下有夫一婦復生十女子九隆兄弟皆娶以爲妻後漸相滋長種人皆刻畫其身象龍文衣皆著尾自此以上竝見風俗通也九隆死世世相繼哀牢傳曰九隆代代相傳名號不可得而數至於禁高乃可記知禁高死子吸代吸死子建非代建非死子哀牢代哀牢死子桑藕代桑藕死子栁承代栁承死子栁貎代栁貎死子扈栗代乃分置小王往往邑居散在谿谷絕域荒外山川阻深生人以來未嘗交

通中國建元二十三年其王賢栗遣兵乘箄船箄音蒲佳反縛竹木爲箄以當船也南下江漢擊附塞夷鹿茤茤音多其種今見在鹿茤人弱爲所禽獲於是震雷疾雨南風飄起水爲逆流飜涌二百餘里箄船沈沒哀牢之衆溺死數千人賢栗復遣其六王將萬人以攻鹿茤鹿茤王與戰殺其六王哀牢耆老共埋六王夜虎復出其尸而食之餘衆驚怖引去賢栗惶恐謂其耆老曰我曹入邊塞自古有之今攻鹿茤輒被天誅中國其有聖帝乎天祐助之何其明也二十七年賢栗等遂率種人戶二千七百七十口萬七千六百五十九詣越巂太守鄭鴻降求內屬光武封賢栗等爲君長自是歲來朝貢永平十二年哀牢王栁貌遣子率種人內屬其稱邑王者七十七人戶五萬一千八百九十口五十五萬三千七百一十一西南去洛陽七千里顯宗以其地置哀牢博南二縣割益州郡西部都尉所領六縣古今注曰永平十年置益州西

部都尉居巂唐續漢志六縣謂不韋巂唐比蘇楪榆邪龍雲南也合爲永昌郡始通博南山度蘭倉水華陽國志曰博南縣西山高三十里越之度蘭倉水也行者苦之歌曰漢德廣開不賓度博南越蘭津度蘭倉爲它人哀牢人皆穿鼻儋耳其渠帥自謂王者耳皆下肩三寸庶人則至肩而已土地沃美宜五穀蠶桑知染采文繡罽毲罽解見李恂傳毲未詳帛疊外國傳曰諸薄國女子織作白疊花布蘭干細布華陽國志曰蘭干獠言紵織成文章如綾錦有梧桐木華績以爲布廣志曰梧桐有白者剽國有桐木其華有白毳取其毳淹漬緝織以爲布也幅廣五尺絜白不受垢汙先以覆亡人然後服之其竹節相去一丈名曰濮竹見華陽國志出銅鐵鉛錫金銀光珠華陽國志曰蘭滄水有金沙洗取融爲金有光珠穴博物志曰光珠即江珠也虎魄廣雅曰虎魄生地中其上及旁不生草深者八九尺大如斛削去皮成虎魄如斗初時如桃膠凝堅乃成博物志曰松脂淪入地千年化爲伏苓伏苓千歲化爲虎魄今太山有茯苓無虎魄永昌有虎魄而無茯苓也水精瑠璃軻蟲蚌珠徐衷南方草物狀曰凡採珠常三月用五牲祈禱若祠祭有失則風攪海水或有大魚在蚌左右蚌珠長三寸半凡二品珠也孔雀翡翠犀象猩猩貊獸酈元水經注曰猩猩形若狗而人面頭顏端正善與人言音聲妙麗如婦人對語聞之無不酸楚南中志曰猩猩在山谷中行無常路百數爲羣土人以酒若糟設於路又喜屩子土人織草爲屩數十輛相連結猩猩在山谷見酒及屩知其設張者即知張者先祖名字乃呼其名而罵云奴欲張我捨之而去去而又還相呼試共嘗酒初

嘗少許又取屬子著之若進兩三升便大醉人出收之屬子相連不得去執還內牢中人欲取者到牢邊語云猩猩汝可自相推肥者出之既擇肥竟相對而泣即左思賦云猩猩啼而就禽者也昔有人以猩猩餉封溪令令問餉何物猩猩自於籠中曰但有酒及僕耳無它飲食南中八郡志曰貊大如驢狀頗似熊多力食鐵所觸無不拉廣志曰貊色蒼白其皮溫煖雲南縣有神鹿兩頭能食毒草見華陽國志先是西部都尉廣漢鄭純為政清絜化行夷貊君長感慕皆獻土珍頌德美天子嘉之即以為永昌太守純與哀牢夷人約邑豪歲輸布貫頭衣二領鹽一斛以為常賦夷俗安之純自為都尉太守十年卒官建初元年哀牢王類牢與守令忿爭遂殺守令而反叛攻越嶲唐城太守王尋奔楪榆哀牢三千餘人攻博南燔燒民舍肅宗募發越嶲益州永昌夷漢九千人討之明年春邪龍縣郡國志曰屬永昌郡也昆明夷鹵承等應募率種人與諸郡兵擊類牢於博南大破斬之傳首洛陽賜鹵承帛萬匹封為破虜傍邑侯永元六年郡徼外敦忍乙王莫延慕義遣使譯獻犀牛大象九年徼外蠻及撣國王雍由調撣音擅東觀記作擅字遣重譯奉國珍寶

和帝賜金印紫綬小君長皆加印綬錢帛永初元年徼外僬僥種夷陸類等三千餘口舉衆內附獻象牙水牛封牛永寧元年撣國王雍由調復遣使者詣闕朝賀獻樂及幻人能變化吐火自支解易牛馬頭又善跳丸數乃至千自言我海西人海西卽大秦也撣國西南通大秦明年元會安帝作樂於庭封雍由調爲漢大都尉賜印綬金銀綵繒各有差也

邛都夷者武帝所開以爲邛都縣無幾而地陷爲汙澤因名爲邛池南人以爲邛河（在今嶲州越嶲縣東南南中八郡志曰邛河縱廣岸二十里深百餘丈多大魚長一二丈頭特大遙視如戴鐵釜狀李膺益州記云邛都縣下有一老姥家貧孤獨每食輒有小蛇頭上戴角在牀間姥憐之飴之後稍長大遂長丈餘令有駿馬蛇遂吸殺之令因大忿恨責姥出蛇姥云在牀下令卽掘地愈深愈大而無所見令又遷怒殺姥蛇乃感人以靈言瞋令何殺我母當爲母報讎此後每夜輒聞若雷若風四十許日百姓相見咸驚語汝頭那忽戴魚是夜方四十里與城一時俱陷爲湖土人謂之爲陷河唯姥宅無恙訖今猶存漁人採捕必依止宿每有風浪輒居宅側恬靜無佗風靜水淸猶見城郭樓櫓畟然今水淺時彼土人没水取得舊木堅貞光黑如漆今好事人以爲枕相贈畟音側）後復反叛元鼎六年漢兵自越嶲水伐之以爲越嶲郡（嶲水源出今嶲州邛部縣西南嶲山下前書地理志

曰言其越巂水以置郡故名焉其土地平原有稻田青蛉縣禺同山有碧雞金馬光景時時出見禺同山在今褒州揚波縣王褒碧雞頌曰持節使王褒謹拜南崖敬移金精神馬縹碧之雞處南之荒深谿回谷非土之鄉歸來歸來漢德無疆廉平唐虞澤配三皇華陽國志曰碧雞光景人多見之前書音義曰金形似馬碧形似雞也俗多游蕩而喜謳歌略與牂柯相類豪帥放縱難得制御王莽時郡守枚根調邛人長貴以爲軍候更始二年長貴率種人攻殺枚根自立爲邛穀王領太守事又降於公孫述述敗光武封長貴爲邛穀王建武十四年長貴遣使上三年計天子卽授越巂太守印綬十九年武威將軍劉尚擊益州夷路由越巂長貴聞之疑尚既定南邊威法必行已不得自放縱卽聚兵起營臺招呼諸君長多釀毒酒欲先以勞軍因襲擊尚尚知其謀卽分兵先據邛都遂掩長貴誅之徙其家屬於成都永平元年姑復夷復叛益州刺史發兵討破之斬其渠帥傳首京師後太守巴郡張翕政化清平得夷人和在郡十七年卒夷人愛慕如喪父母

蘇祈叟二百餘人（續漢書志曰蘇祈縣屬越巂郡）齎牛羊送喪至翁本縣安漢（安漢縣屬巴郡）起墳祭祀詔書嘉美爲立祠堂安帝元初三年郡徼外夷大羊等八種戶三萬一千口十六萬七千六百二十慕義內屬時郡縣賦斂煩數五年卷夷大牛種封離等反畔殺遂久令（遂久故縣在今靡州界）明年永昌益州及蜀郡夷皆叛應之衆遂十餘萬破壞二十餘縣殺長吏燔燒邑郭剽略百姓骸骨委積千里無人詔益州刺史張喬選堪能從事討之喬乃遣從事楊竦將兵至楪榆擊之賊盛未敢進先以詔書告示三郡密徵求武士重其購賞乃進軍與封離等戰大破之斬首三萬餘級獲生口千五百人資財四千餘萬悉以賞軍士封離等惶怖斬其同謀渠帥詣竦乞降竦厚加慰納其餘三十六種皆來降附竦因奏長吏姦猾侵犯蠻夷者九十人皆減死州中論功未及上會竦病創卒張喬深痛惜之乃刻石勒銘圖畫其像

天子㠯張翕有遺愛乃拜其子湍爲太守夷人懽喜奉迎道路曰郎君儀貌類我府君後湍頗失其心有欲叛者諸夷耆老相曉語曰當爲先府君故遂㠯得安後順桓閒廣漢馮顥爲太守政化尤多異迹云

莋都夷者武帝所開㠯爲莋都縣其人皆被髮左衽言語多好譬類居處略與汶山夷同土出長年神藥仙人山圖所居焉〔劉向列仙傳曰山圖隴西人好乘馬馬蹋折脚山中道士教服地黃當歸羌活玄參服一年不嗜食病愈身輕追道士問之自云五嶽使人之名山採藥能隨吾汝便不死山圖追隨人不復見六十餘年一旦歸來行母服於家閒朞年復去莫知所之也〕元鼎六年㠯爲沈黎郡至天漢四年并蜀爲西部置兩都尉一居旄牛主徼外夷一居青衣主漢人永平中益州刺史梁國朱輔好立功名慷慨有大略〔東觀記輔作酺梁國寧陵人也〕在州數歲宣示漢德威懷遠夷自汶山㠯西前世所不至正朔所未加白狼槃木唐菆等百餘國戸百三十餘萬口六百萬㠯上舉種奉貢稱爲臣僕輔

上疏曰臣聞詩云彼徂者岐有夷之行（詩周頌也）傳曰岐道雖僻而人不遠（韓詩薛君傳曰徂往也夷易也行道也彼百姓歸文王者皆曰岐有易道可往歸矣易道謂仁義之道而易行故岐道阻險而人不難）詩人誦詠㠯爲符驗今白狼王唐菆等慕化歸義作詩三章路經邛來大山零高坂（山海經曰崍山江水出焉郭僕曰中江所出也華陽國志曰邛來山一名邛莋故邛人莋人界也巖阻峻回曲折乃至山上凝冰夏結冬則據寒王陽行部至此而退者也有長貧苦採入度之難陽母閣峻竝坂名）峭危峻險百倍岐道（言詩人雖歎岐道之阻但㠯文王之道人以爲夷易今邛來峭危甚於岐）繈負老幼若歸慈母遠夷之語辭意難正草木異種鳥獸殊類有犍爲郡掾田恭與之習狎頗曉其言臣輒令訊其風俗譯其辭語今遣從事史李陵與恭護送詣闕并上其樂詩昔在聖帝舞四夷之樂（解見陳禪傳）今之所上庶備其一帝嘉之事下史官錄其歌焉（東觀記載其歌并載夷人本語竝重譯訓詁爲華言今范史所載者是也今錄東觀夷言以爲此注也）

遠夷樂德歌詩曰大漢是治（提官偎搆）與天意合（魏冒踰糟）吏譯平端（罔驛劉脾）不從我來（殉莫支留）聞風向化（徵衣隨旅）所見奇異（知唐桑艾）多賜繒布（邪毘繕補）甘美酒食（推潭僕遠）昌樂肉飛（拓拒蘇便）屈申悉備（局後仍離）蠻夷貧薄（偻讓龍洞）無所報

嗣莫支度由願主長壽陽雒僧鱗子孫昌熾莫穉角存遠夷慕德歌詩曰蠻夷所處僂讓彼尼日入之部且交陵悟慕義向化繩動隨旅歸日出主路且揀雒聖德深恩聖德渡諾與人富厚魏菌渡洗冬多霜雪綜邪流藩夏多和雨莋邪尋螺寒溫時適藐潯瀘灕部人多有菌補邪推涉危歷險辟危歸險不遠萬里莫受萬柳去俗歸德術疊附德心歸慈母仍路孳摸遠夷懷德歌曰荒服之外荒服之儀土地墝埆犂籍憐憐食肉衣皮阻蘇邪犂不見鹽穀莫碭麤沐吏譯傳風罔譯傳微大漢安樂是漢夜拒攜負歸仁蹤優路仁觸冒險陝雷折險龍高山岐峻倫狼藏幢緣崖磻石扶路側祿木薄發家息落服淫百宿到洛理瀝髭雒父子同賜捕苣菌毗懷抱匹帛懷稾匹漏傳告種人傳言呼敕長願臣僕陵陽臣僕肅宗初輔坐事免是時郡尉府舍皆有雕飾畫山神海靈奇禽異獸以眩燿之夷人益畏憚焉和帝永元十二年旄牛徼外白狼樓薄蠻夷王唐繒等遂率種人十七萬口歸義內屬詔賜金印紫綬小豪錢帛各有差安帝永初元年蜀郡三襄種夷與徼外汙衍種并兵三千餘人反叛攻蠶陵城殺長

吏二年青衣道夷邑長令田（令姓田名）與徼外三種夷三十一萬口齎黃金旄牛毦（顧野王曰毦結毛爲飾也即今馬及弓槊上纓毛也）舉土內屬安帝增令田爵號爲奉通邑君延光二年春旄牛夷叛攻零關（郡國志零關道屬越嶲郡）殺長吏益州刺史張喬與西部都尉擊破之於是分置蜀郡屬國都尉領四縣如太守

桓帝永壽二年蜀郡夷叛殺略吏民延熹二年蜀郡三襄夷寇蠶陵殺長吏四年犍爲屬國夷寇郡界益州刺史山昱擊破之斬首千四百級餘皆解散靈帝時以蜀郡屬國爲漢嘉郡

冉駹夷者武帝所開元鼎六年以爲汶山郡至地節三年（宣帝年也）夷人以立郡賦重宣帝乃省并蜀郡爲北部都尉其山有六夷七羌九氐各有部落其王侯頗知文書而法嚴重婦貴人黨母族死則燒其尸土氣多寒在盛夏冰猶不釋故夷人冬則避寒入蜀爲傭夏則違暑反其邑衆皆依山居止累石爲室高者至十餘丈爲邛籠

案今彼土夷人呼爲雕也又土地剛鹵不生穀粟麻菽唯㠯麥爲資而宜畜牧有旄牛無角一名童牛肉重千斤毛可爲毦出名馬有靈羊可療毒本草經曰靈羊角味鹹無毒主療青盲蠱毒去惡鬼安心氣强筋骨也又有食藥鹿鹿麑有胎者其腸中糞亦療毒疾又有五角羊麝香輕毛毼雞牲牲郭璞注山海經曰毼雞似雉而大青色有毛角鬬敵死乃止其人能作旄氈斑罽青頓毞毲羊羖之屬青頓毲羖並未詳字書無此二字周書伊尹爲四方獻令曰正西昆侖狗骨鬼親枳已闟耳貫匈雕題離丘漆齒請令以丹青白旄紕罽龍角神龜爲獻湯曰善何承天纂文曰紕氏罽也音卑疑反毞即紕也特多雜藥地有鹹土煮㠯爲鹽麢羊牛馬食之皆肥麢即麢狼也異物志狀似鹿而角觸前向入林樹挂角故恒在平淺草中肉肥脆香美逐入林則搏之皮可作履韈角正四據南人因以爲牀音子兮反其西又有三河槃于䖥北有黃石北地盧水胡其表乃爲徼外靈帝時復分蜀郡北部爲汶山郡云

白馬氐者武帝元鼎六年開分廣漢西部合㠯爲武都土地險阻有麻田出名馬牛羊漆蜜氐人勇戇抵冒貪貨死利居於河池一名仇池方百頃四面斗絕仇池山在今成州上祿縣南三秦記曰仇池縣界本名仇維山上有池故曰仇池山在滄洛二谷之間常爲水所衝激故

下石而上土形似覆壺仇池記曰仇池百頃周回九千四十步天形四方壁立千仞自然樓櫓卻敵分置調均竦起數丈有踰人功仇池凡二十一道可攀緣而上東西二門盤道下至上凡有七里上則崗阜低昂泉流交灌酈元注水經云羊腸盤道三十六回開山圖謂之仇夷所謂積石峨嵯嶔岑隱阿者也上有平田百頃煮土成鹽因以百頃爲號也數爲邊寇郡縣討之則依固自守元封三年氐人反叛遣兵破之分徙酒泉郡昭帝元鳳元年氐人復叛遣執金吾馬適建姓馬適名建也龍頟侯韓增大鴻臚田廣明將三輔太常徒討破之及王莽篡亂氐人亦叛建武初氐人悉附隴蜀及隗囂滅其酋豪乃背公孫述降漢隴西太守馬援上復其王侯君長賜以印綬後囂族人隗茂反殺武都太守氐人大豪齊鍾留爲種類所敬信威服諸豪與郡丞孔奮擊茂破斬之後亦時爲寇盜郡縣討破之

論曰漢氏征伐戎狄有事邊遠蓋亦與王業而終始矣至於傾沒疆垂喪師敗將者不出時歲卒能開四夷之境款殊俗之附若乃文約之所沾漸風聲之所周流幾將日所出入處也文約謂文書要約也著自

山經水志者亦略及焉雖服叛難常威澤時曠及其化行則緩耳雕腳之倫獸居鳥語之類（緩耳儋耳也獸居謂穴居）莫不舉種盡落回面而請吏陵海越障累譯以內屬焉故其錄名中郎校尉之署（謂護匈奴中郎將及戊巳校尉等）編數都護部守之曹動以數百萬計若乃藏山隱海之靈物沈沙棲陸之瑋寶（珠玉金碧珊瑚虎魄之類）莫不呈表怪麗雕被宮幄焉又其賨幏火毳馴禽封獸之賦軨積於內府（火毳卽火浣布也馴禽鸚鵡也封獸象也神異經曰南方有火山長四十里廣四五里生不燼之木晝夜火然得烈風不猛暴雨不滅火中有鼠重百斤毛長二尺餘細如絲恒居火中時時出外而色白以水逐沃之卽死績其毛織以作布用之若汙以火燒之則清絜也傅子曰長老說漢桓時梁冀作火浣布單衣會賓客行酒公卿朝臣前佯爭酒失杯而汙之冀偽怒解衣而燒之布得火爗然而熾如燒凡布垢盡火滅粲然絜白如水澣也）夷歌巴舞殊音異節之技列倡於門外豈柔服之道必足於斯然亦云致遠者矣蠻夷雖附阻巖谷而類有土居連涉荊交之區布護巴庸之外不可量極然其凶勇狡算薄于羌狄故陵暴之害不能深也西南之徼尤爲劣焉故闕守永昌肇自遠離啓土立人至今成都焉（哀牢夷伐鹿茤不得乃歸中國）

故言肇自遠離

贊曰百蠻蠢居仞彼方徼鏤體卉衣憑深阻峭蠢小貌也鏤體文身也卉衣草服也亦有別夷屯彼蜀表參差聚落紆餘岐道往化旣孚改襟輸賨孚信也襟衽也俾建永昌同編億兆

南蠻西南夷列傳第七十六

後漢書八十六

傳古樓景印